노후 수업

노후
수업

박중언

누구나 바라는
노후를 슬기롭게
준비하는 법

차례

여는 글

'100살 시대'는 이제 보통명사다. 늘어난 수명이 고통과 재앙으로 등치된 지 오래다. 2020년에는 마침내 인구감소가 시작됐다. 인구의 숫자는 그 어떤 지표보다 정확하게 예측될 수 있다. 그러나 인구변화의 충격이 어떻게 들이닥칠지는 가늠하기 어렵다. 누구도 경험해보지 못한 격변의 최전선에 나를 포함한 5060 중장년이 서 있다. 대규모 정년퇴직을 전후해 노후 불안은 정점에 이른 반면, 실질적인 노후 준비는 턱없이 미흡하다.

5060은 너나 할 것 없이 엇비슷한 삶을 살아왔다. 진학, 취업, 결혼, 육아 등 누구나 올라타는 궤도를 따라 부지런히 가면 큰 문제가 없었다. 하지만 퇴직을 앞둔 시점에선 상황이 완전히 다르다. "예상 못 한 것은 아니었지만 실제로 닥치니 머리가 하애지더라"는 게 많은 퇴직자의 감회다. 어디서 무엇을 하면서, 어떻게 살아야 할지 정해진 길이 있는 게 아니다. 온전히 자신의 힘으로 행로를 그려나가야 한다. 퇴직 이후의 삶을 꾸리는 것은 결코 녹록하지 않다.

노후 설계 또는 은퇴 설계를 내건 책이나 정보는 대체로 노후 자금 마련에 치중해 있다. 노후 준비를 앞세워 불안을 부추기거나, 노후 자금 확보를 빌미로 버거운 금융상품을 사도록 이끄는 것도 드물지 않다. 돈이 전부가 아니라는 말에 절로 고개가 끄덕여지지만, 그 나머지는 구체적으로 어떻게 준비해야 하는지 제대로 알기가 어렵다.

가뜩이나 지금도 노부모 신경 쓰랴, 다 큰 애들 챙기랴, 직장에서 눈치 보랴, 사는 게 참 팍팍하다. "골치도 아픈데" 하면서 제쳐놓고 있다가 무방비 상태로 퇴직을 맞이하기 쉽다. 내가 만난 대다수 5060이 그랬다. 퇴직 준비부터 인생의 마지막 단계인 죽음에 이르기까지 실생활에 도움을 줄 노후 지침서가 있으면 좋겠다는 생각이 들었다.

사실 모범답안은 나와 있다. 오랫동안 건강하게 살기 위해선 잘 먹고 꾸준히 움직이면 된다. 갖가지 과장 광고에 이끌려 특효약이나 명의를 찾는 헛수고를 할 필요가 없다. 열심히 일하다 보면 돈 걱정은 줄어든다. 높은 수익률에 혹하지 않고 불필요한 씀씀이를 줄이는 게 안정된 노후의 지름길이다.

자신이 대우받고 싶은 대로 가족과 주변 사람을 대하면 나이 들어도 그다지 쓸쓸해지지 않는다. 혼자는 외롭고, 함께 있으면 피곤한 게 인생이니 사람 사이의 적절한 거리가 필요하다. 혼자든 여럿이든 돈 많이 들지 않고 즐겁게 시간을 보내는 방법은 부지기수다. 삶을 마감할 때가 다가올수록 집착과 소유욕은 줄어든다. 나누면 더 행복하다는 진리를 깨닫기도 한결 쉬워진다.

그러나 추상적으로 아는 데서 머물거나 '~라더라'는 식의 단편적 정보만 갖고서는 노후 불안을 덜기 어렵다. 당위적 조언은 노후 설계에 그다지 도움이 되지 않는다. 또 아는 것과 행하는 것은 천양지차다. 마음을 굳게 먹고 실천하다가도 수시로 찾아드는 달콤한 유혹이나 인생의 허망함, 보잘것없음에 흔들리기 일쑤다. 그래서 나이 들면서 육체적, 정신적으로 약해지기 쉬운 자신을 붙잡아줄 길잡이가 필요한 것이다.

내가 나이 드는 세상에 관심을 두기 시작한 것은 20년 남짓 전이다. 세기말의 음울함과 답답함이 어딘가로 떠나고 싶게 만들던 1999년이었다. 일본 도쿄 시내에서 조금 떨어진 집의 주변이나 대학을 오가는 전철에서 나이 든 사람을 숱하게 보았다. 고령화가 가장 먼저 진행되는 나라이니 노인이 많은 것이야 전혀 이상할 게 없었다. 그런데 뭔가 불편한 느낌을 지울 수 없었다. 속된 말로, 너무 '꿀꿀했다'.

당시 일본은 국민소득 기준으로 우리보다 3배 가까이 잘살았다. 그런데 나이 든 사람들이 왜 이렇게 불행해 보일까. 그렇다면 한국인인 내가 나이 들면 어떻게 될까. 마흔이 채 되기 전에 들었던 의문이다. 나는 천성이 낙관적이지 못하다. 세상을 어둡게 보는 쪽으로 조금 더 기울어 있다. 그러다 보니 나부터 노후 불안에서 벗어나고 싶었다.

그 해답을 찾아가는 과정이 노후에 대한 공부로 이어졌다. 나이 든다는 것이 과연 무엇이며, 나이 들어서도 행복하게 사는 길은 없는가가 화두였다. 노후는 이미 퇴직한 사람이나 5060만의 고민이 아니다. 삶이 갈수록 힘들어지는 시대, 안정된 삶을 기대하기 어려운 모든 사람의 숙제다. 육체적, 정신적, 사회적으로 나이 듦을 직접 느끼는 중장년에게 더 절박할 뿐이다.

나이 듦에 대한 연구, 나이 든 사람들의 삶과 얘기를 통해 많은 것을 얻었다. 일찍부터 노후 준비에 들어갈 수 있었다. 노후가 친숙해지면서 나이 든 삶을 상대적으로 편안하게 받아들이게 됐다. 무엇보다 나이 드는 것이 그리 나쁘지 않고, 인생을 더 풍요롭게 할 수도 있다는 점을 깨우쳤다. 세상의 이치가 그렇다. 내가 잘나갈 때가 아니라 힘들고 허덕일 때 진정한 친구가 누구인지 알 수 있다. 화사한 꽃과 열매를 잃어버리고 앙상한 가지만 남았을 때 삶의 참된 의미에 더 가까이 다가갈 수 있다.

이 책은 누구나 바라는 행복한 노후가 어떻게 가능한지에 대한 오랜 모색의 결과물이다. 보통 사람보다 더 일찍, 체계적으로 노후 준비에 나선 나 자신을 재료로 삼았다. 해답을 찾는 과정에서 달라진 인식, 행동으로 옮겨간 경험을 그대로 담았다.

길을 아는 것보다 뚜벅뚜벅 걸어가는 것이 훨씬 어렵다. 그래서 읽는 이에게 실질적으로 도움이 되는 '한 권'을 만들기 위해 정성을 쏟았다. 아는 것과 행하는 것 사이의 문턱을 낮추고, 치러야 할 시행착오와 대가를 줄이는 것이 슬기로움이다.

암울하게만 보이는 노후를 지혜롭게 대비하면 나이 듦이 주는 여유를 발견할 수 있다. 모두가 노후의 긍정적인 면에도 눈떠 한결 즐거운 후반기 인생을 누렸으면 한다. 노후 불안이 엄습할 때면 언제든 꺼내 참고하기를 바라는 마음을 담아 '노후 수업'이란 제목을 붙였다. 이 책은 나름의 지혜를 담은 나의 노후 매뉴얼인 셈이다. 한국 베이비붐세대(1955~1963년생)의 막내인 나는 만 60세가 되는 2023년 정년퇴직할 예정이다.

많은 연구·조사와 의학·화학·생물학·심리학·경제학 등 과학적 접근을 접목했다. 현실과 이론이 맞아떨어질 때 실효성 있는 처방이 가능하다. 다만, 책의 서술에선 '정년퇴직을 앞둔 중견기업 P 부장'이라는 3인칭 형식을 빌렸다. 너무 개인적인 경험으로부터 거리를 두기 위해서다. 5060 남성의 관점에서 서술된 점은 어쩔 수 없지만, 이를 제대로 이해하는 것이 여성의 노후 설계에도 보탬이 되리라 믿는다.

이 책의 지향점은 자유롭고, 건강하며, 편안한 나이 듦이다. 그 길로 가기 위한 발상의 전환과 방법론을 다뤘다. 책의 메시지는 크게 세 가지다.

첫째, 나이 듦을 제대로 아는 것이 노후 설계의 첫걸음이다. 모르는 노후는 몇 배로 두렵다. 낯선 곳을 처음 찾아갈 때 얼마나 멀고 힘들게 느껴지는지를 생각해보면 된다. 노후 준비는 알면 알수록 쉬워진다. 막연한 선입관과 고정관념을 버리고 원점에서부터 다시 바라보는 게 좋다. 너무 겁먹을 필요가 없다. 요즘은 인터넷에 정보가 범람한다. 정보의 바다에 빠져 허우적거리거나 가짜 정보에 현혹되지 않는 눈이 필요할 뿐이다. 옥석을 가리는 눈을 기르는 데 도움이 되는 것이 이 책의 중요한 임무다.

둘째, 새로운 생각과 정보를 바탕으로 삶의 우선순위를 바꾸는 게 필요하다. 자신의 라이프 스타일을 리모델링하지 않으면 달라지는 것은 없다. 담대하게 바꿀수록 노후가 아름다워진다.

마지막으로, 가장 작은 것부터라도 행동으로 옮기는 것이 절대적으로 필요하다. 더 늦기 전에 지금 당장! 이런 세 가지 메시지에 공감해 생각과 행동을 바꾼다면, 활기 넘치는 인생 2라운드는 책을 읽고 있는 바로 지금부터 가능하다는 게 요지다.

이 책은 나이 듦을 바라보는 시각에서 출발한다. 어떻게 보고 받아들이느냐가 어떻게 사느냐의 출발점이다. 노후의 꿀꿀함에만 사로잡히면 아무리 좋은 사회적, 경제적 조건을 갖추고 있어도 삶이 나아지지 않는다. 이어 노후를 힘들게 하는 위험(리스크)을 크게 네 영역으로 나눠 살펴본다.

'재무' 부분은 일과 돈의 얘기다. 노후에는 무엇을 하고, 어떻게 먹고살며, 어디서 사는 것이 돈 걱정을 덜어줄 것인지에 관한 내용이다. '건강'에선 몸과 마음, 운동, 질병 등 육체·정신 건강을 지키기 위한 노하우를 담았다. '관계'는 퇴직 이후의 부부, 노부모, 자녀, 친구, 연애, 성생활 얘기다. 중·장년기에 달라지는 사람 사이의 관계를 짚었다. '권태'에선 감당할 수 없을 만치 늘어나는 시간을 즐겁고 의미 있게 보낼 수 있는 방법을 얘기한다.

이제 후반전에 들어서는 내가 감히 인생을 다 아는 듯이 충고나 가르침을 늘어놓는다면 한참 주제넘은 일일 것이다. 깊이 새길 만한 메시지를 담은 책과 멋있는 노후를 보내는 강호의 고수도 적지 않다. 나는 단지 자신의 경험과 연구, 동시대를 사는 많은 사람의 이야기를 잘 버무려 읽는 이가 받아들이기 쉽게 전하는 '스마트한 중개인' 구실에 충실하려 한다. 스티브 잡스가 기존 기술을 융합하고 탁월한 디자인의 옷을 입혀 스마트폰 시대를 활짝 열어젖혔듯이.

그리고 무엇보다 솔직한 접근을 중시했다. 있는 그대로의 자신을 드러낼 수 있는 것은 나이 듦의 큰 미덕이다. 금기처럼 입에 올리기를 꺼려하는 주제에 대한 솔직한 얘기들이 적지 않다. 성생활, 질병, 죽음이 대표적이다.

책에 담긴 내용은 늘 스스로 되새김하는 지침이다. 흠결이 적지 않지만, 다른 이에게 도움이 될 만한 게 있으리라는 기대에서 책의 형태로 세상에 내놓게 됐다. 관심이 쏠리는 항목만 골라 읽거나 먼저 읽어도 좋겠다. 책을 보는 도중 또는 덮은 뒤 읽는 이의 생각과 행동에 한 가지라도 변화가 생긴다면, 책은 그 소임을 다한 것이 된다. 또 읽는 이는 책값을 충분히 보상받는 게 되리라 믿는다. 그럼, 즐거운 인생 2라운드를 향해 '출발!'

2021년 새 봄을 맞으며
박중언

1부

후반전

—

누구에게나
노년은
온다

4대 리스크

✴

삶의 종착역인 죽음과 소멸을 향해 간다는 자연의 섭리 자체가
불안과 우울의 근원이다. 부양의 의무는 지지만 노후를 맡길 수는
없는 자녀와 낮은 복지 수준은 나이의 '짐'을 오로지 홀로 질
수밖에 없다는 절박함을 더한다.

'걱정이 걱정을 낳는다.' 흔히 듣는 말이다. 노후 불안이 여
기에 해당하지 않을까 싶다. 걱정할 일이 널려 있는 것은 사실이
지만, 지나친 걱정은 불안과 불행의 악순환을 재촉한다. 그럼에
도 노후 불안이 특별히 무겁게 다가오는 것은 무엇 때문인가. 삶
의 종착역인 죽음과 소멸을 향해 간다는 자연의 섭리 자체가 불
안과 우울의 근원이다. 육체적·정신적 쇠퇴와 사회에서 밀려남
은 인생이 내리막길에 있음을 수시로 깨닫게 한다. 부양의 의무

는 지지만 노후를 맡길 수는 없는 자녀와 낮은 복지 수준은 나이의 '짐'을 오로지 홀로 질 수밖에 없다는 절박함을 더한다.

중견기업 P 부장은 이따금 불안의 실체를 생각해본다. 죽는 순간이 고통스럽지 않을까 하는 두려움이 들기도 한다. 돈이 없고 아파서 힘들거나 외로울 수도 있겠고. 하지만 숨진 이후의 세상은 상상 자체가 되지 않으니 딱히 신경이 쓰이지 않는다. 대단히 미련을 둘 만한 것도 없다. 못 먹고, 못 입던 어린 시절을 돌아보면 견딜 수 없는 절대적 가난이나 물질적인 어려움은 없지 않겠나 싶다. 보통의 5060이라면 사정이 엇비슷할 것이다.

잠시 시계를 옛날로 돌려보자. 작은 시골 읍내에서 중학교까지 다닌 P 부장만 해도 육성회비를 제때 내지 못해 교무실에 불려 다닌 기억이 있다. 음식점에 딸린 단칸방에서 사촌 누이까지 모두 일곱 명이 부대껴 갔다. 어린애들이 밤마다 방 안에서 아버지가 내뿜는 독한 담배 연기를 고스란히 들이마셨다. 흡연자를 건물 밖으로 내모는 지금 생각하면 끔찍하기 그지없는 풍경이다. 그 바람에 P 부장이 담배와 거리를 두게 된 것은 그나마 다행이다.

면 단위 시골 친구들에겐 '보릿고개'로 대표되는 배고픔이 떠나지 않았다. 구더기가 끓는 '푸세식' 변소에서 신문지로 뒤를 마무리하던 유년을 몸으로 겪었다. 다수가 사치는커녕 가처분소득이 뭔지도 알지 못했던 때가 그리 오래전이 아니다. 압축 성장의 덕택으로 우리 사회나 사람들의 일상은 양적으로 엄청나게 풍성해졌다. 그 혜택이 갈수록 돈 많고 힘 있는 사람들에게 쏠리고 보통 사람의 삶은 힘들어지지만, 대다수가 절대 빈곤은 졸업했다.

내 집을 마련한 맞벌이인 P 부장이 퇴직한다고 해도 어릴 때 같은 빈곤에 시달릴 리는 없다. 더 나이 들어 생활수준이 떨어지고 삶이 고달파지더라도 못 견딜 정도는 아닐 것이다. 절대 빈곤의 경험 자체가 없는 요즘 젊은이는 다르겠지만. 옛날에 그랬으니 걱정 말고 감사하며 살자는 취지는 전혀 아니다. 동년배에게 하는 얘기가 '나 때는 말이야~' 하는 식의 꼰대 타령일 리도 없다. 단지 뭐가 얼마나 결핍됐기에 지금과 같은 불안이 생기는지 그 실체를 제대로 알아보자는 것이다.

편안한 노후를 위한 필수 자금이 20억 원은 돼야 한다는 말이나 '10억 원 만들기'가 무슨 구호라도 되듯이 입에 오르내린다. 집값이 폭등해 수십억 원마저 예사롭게 들린다. 이렇게 노후를 바라보면 불안하지 않을 사람이 별로 없다. 노후 준비가 그 수준에 턱없이 못 미치니 걱정은 태산이다. 반면에 속절없이 나이만 먹어가 암담하다는 생각이 들지 않으면 되레 이상하다. 대책 없는 불안은 눈덩이처럼 불어나기 마련이다. 현재의 삶까지도 좀먹어 출구를 찾기 힘든 악순환의 고리를 만들 우려가 있다.

베카 레비 교수가 이끈 미국 예일대 의대 연구진의 조사는 나이 듦에 대한 이미지가 인체 건강에 끼치는 영향을 또렷하게 보여준다. 부정적 이미지에 많이 노출될수록 혈압과 심장박동 수가 크게 증가했다. 고혈압과 심장질환 위험이 높아진 것이다. 나이가 들면 기억력을 잃게 될 것이라고 걱정하는 사람에게서 그렇지 않은 사람보다 기억력 감퇴가 심하다는 연구 결과도 있다.

지금 우리가 나이 듦에 대해 어떻게 생각하느냐가 예상보다 훨씬 더 미래에 직접적인 영향을 끼칠지 모른다. 그래서 "친구에게 보내는 생일축하 메시지에 꿀꿀한 노년에 대한 자조 섞인 농담을 몇 마디 지껄여놓고 싶은 생각이 든다면, 친구의 기억력 감퇴와 생명 단축에 기여할지 모른다는 점을 기억하라"고 경고한 작가도 있다.

불안과 공포는 실제보다 상상 속에서 훨씬 큰 위력을 발휘한다. 막상 닥치면 그저 그런 것도 앞당겨 걱정할 때 감당할 수 없을 것처럼 커 보인다. 공포 영화가 이용하는 인간 심리가 그렇다고 한다. 막연한 불안에 휩싸여 자신의 존재 이유나 가치를 찾지 못할 때 나이 듦의 부정적 이미지는 극대화된다.

사실 좋기만 하거나 나쁘기만 한 일은 별로 없다. 잃는 게 있으면 얻는 것도 있기 마련이다. 나이 듦은 '절대 악'이 아니며, 예전처럼 일찍 죽는 것보다는 낫다. 세상을 넓게 보는 지혜, 느긋한 느림의 미학, 갖가지 의무로부터의 해방 등 적잖은 이점이 있다.

　너무나 커 보이는 불안에 압도돼 이런 혜택을 누릴 마음의 여유를 갖지 못하는 게 노후를 가장 힘들게 한다. 여기에 '돈이 얼마는 있어야 한다'는 식의 공포 마케팅이 불안을 과장하고 조장한다. 퇴직자가 금융 사기에 쉽게 걸려들거나 과포화 상태인 자영업에 뛰어드는 등 '무리하는' 이유다.

　노후 불안에 영향을 주는 요소는 무수히 많다. 불안의 원인과 정도를 객관화해 따져보는 것이 슬기로움이다. 그 과정을 거쳐야 자신에게 맞는 노후 준비와 인생 후반전이 가능하다. 불안이란 건 심리여서 의지로 해결되지 않을뿐더러 지나친 불안에는 백약이 무효다.

　편안한 노후를 위협하는 실질적 위험(리스크)은 네 범주로 나눠볼 수 있다. 우선 모든 노후 관련 조사에서 걱정거리 1·2위에 오르는 재무(돈)와 건강 리스크가 있다. 이 둘이 중요하다는 것은 누구나 알지만, 충분히 대비했다고 안심하는 사람은 별로 없다. 건강을 잃으면 막대한 치료비 때문에 돈 걱정이 커지고, 적정 수준의 돈이 없으면 중대 질병에 시달리기 쉽다.

　다음은 관계에 따른 리스크다. 다른 사회보다 관계의 긴밀도가 높고, 타인의 시선을 많이 의식하는 한국 사회에서는 특히 큰 위험 요소다. 가족이나 친구, 주변과의 관계 때문에 노후를 힘들어하는 사례는 흔하다. 외로움은 피하고 싶은데 얽힌 게 많으면 그만큼 삶이 피곤해진다. 나이 든 부모가 다 큰 자녀를 돌보는 것은 물론이고, 결혼·주택 자금까지 고민해야 하는 한국은 다른 어느 나라보다 성인 자녀의 리스크가 크다.

마지막은 권태 리스크다. 인간은 별일 없는 시간도 견디기 힘들어한다. 물리적 고통이 없고 걱정이 사라진다고 해서 편안해지는 것이 아니다. 재미나 보람, 가치가 없어지면 사는 게 지겹고, 그 자체가 고역이다. 돈은 적고 시간은 남아도는 노후에는 권태 관리가 삶의 질을 크게 좌우한다.

미래에셋은퇴연구소(현 미래에셋투자와연금센터)는 은퇴 이후 닥칠 수 있는 위험 요소를 더 구체적으로 성인 자녀, 창업 실패, 중대 질병, 금융 사기, 황혼 이혼으로 정리하기도 했다. 빈도로는 성인 자녀 리스크가 가장 잦고, 재무 손실은 황혼 이혼 때 가장 크게 나타났다. 노후의 가족관계가 생각보다 중요하다는 점을 잘 보여준다.

'적을 알고 나를 알면 위태롭지 않다'는《손자병법》의 구절은 노후 준비에도 유효하다. 노후 불안은 없애는 게 아니라 스트레스처럼 관리하는 것이다. 네 범주의 리스크에 자신이 얼마나 노출됐는지 잘 따져보면 막연하던 노후 준비가 구체성을 띠게 된다. 위험을 줄이는 것이 더 나은 노후의 지름길인 만큼 무엇을 어떻게 해야 할지 가늠할 수 있다. 무작정 행복에 조바심을 내면 역설적으로 노후가 더 힘들어진다.

또 평범한 사람의 노후 준비는 개인과 가족의 힘만으로 가능하지 않다. 국민연금 개편이나 정년 나이 등 노후 생활에 절대적 영향을 끼치는 사안들이 법률, 제도, 정책, 사회적 합의로 정해진다. 사회안전망과 연금제도가 부실할수록 노후 생활은 힘들 수밖에 없다.

한국은 세계에서 고령화 속도가 가장 빠른 나라임에도 사회적·제도적 대비가 더디다. 함께 노력하지 않으면 '노인을 위한 나라'는커녕 '고령 친화 사회'도 기대하기 힘들다. 자신이 당면한 4대 리스크와 우리 사회를 제대로 아는 데서부터 슬기로운 노후 준비는 시작한다.

무소의 뿔

정년퇴직이 2년 남짓 남은 P 부장은 몇 년 전부터 노후를 위한
'작은 실천'을 시작했다. 가족 아침 식사 차리기다. 아침을
먹어야 하는 체질인 그는 여러 시도 끝에 맞춤형 메뉴를 찾았다.
과일과 채소, 토스트 한 조각에 두유를 곁들이는 것이다.

책 《무소의 뿔처럼 혼자서 가라》는 인기 작가 공지영의 출
세작이다. 1993년 강고한 남성 지배 사회에서 여성의 홀로서기
를 촉구해 큰 파장을 불렀다. 불교 경전 《숫타니파타》에서 따온
책 제목은 대한민국 중장년에게도 꼭 필요한 말이다. '직장 인
생'의 정점을 찍고 내리막길에 들어선 남성에게는 특히 그렇다.
　가사노동 등 일상의 여러 의무를 면제받는 데 요긴했던 '돈
벌이 핑계'는 퇴직과 함께 사라진다. 5060 남성이 노후로 가는

길목에서 첫 번째로 마주치는 과제가 자기 앞가림이다. 그동안 생계를 책임지느라 고생 많이 했다는 위로는 잠깐이다. 대접받는 버릇을 버리지 못해 오롯이 짐만 되는 퇴직 이후 남성은 누구도 반기지 않는다.

보험연구원 보고서 등 여러 연구 결과를 보면, 배우자와 사별 또는 이혼해 홀몸인 고령자의 사망률이 배우자가 있는 사람보다 서너 배 높다. 나이 들어 혼자 살아가기가 얼마나 힘든지 잘 보여준다. 부인이 사망한 뒤 1년 안에 숨진 남성의 비율은 더 도드라진다. 자신을 돌봐주던 부인의 부재에 적응하지 못하는 남성이 많다는 얘기다. 남성의 '노후 생존력'은 상당히 취약하다. 차이가 꽤 줄었는데도 65세 이상 싱글 남성은 여성의 3분의 1밖에 되지 않는다.

홀로서기는 모든 걸 '혼자서'가 아니라 '혼자여도' 해낸다는 뜻이다. 자기 앞가림을 할 수 있을 때 자신이 그리는 노후가 가능하다. 제 손으로 끼니를 챙겨 먹는 게 익숙지 않은 이에겐 삼시세끼를 해결하는 것부터 녹록지 않다. 퇴직하고 집 안에만 죽치고 앉아 부인의 세끼 차림을 기다리는 '삼식이' 타령이 흔한 농담이 된 것도 이 때문이다. 집안일 하는 남성, 요리가 취미인 남성도 늘어나는 추세지만 지금의 5060과는 아직 거리가 있다.

정년퇴직이 2년 남짓 남은 P 부장은 몇 년 전부터 노후를 위한 '작은 실천'을 시작했다. 가족 아침 식사 차리기다. 아침을 먹어야 하는 체질인 그는 여러 시도 끝에 맞춤형 메뉴를 찾았다. 과일과 채소, 토스트 한 조각에 두유를 곁들이는 것이다. 과일은 사과와 바나나, 채소는 토마토와 당근, 때때로 파프리카다. 나이 들수록 많이 먹기를 권장하는 것들이다.

가장 중요한 선택 기준은 손이 덜 가면서도 공복감을 없애 주는 것이었다. 주스로 갈아먹는 것보다 훨씬 낫다. 준비에 5분 남짓이면 충분하고, 설거지는 물로 헹구는 것으로 끝이다. P 부장은 아침거리를 고민하는 주변 사람들에게도 이런 메뉴를 권한다. 익숙해진 아침 차리기는 끼니 해결의 걱정과 부담을 크게 낮춰줬다. 뭘 해먹겠다는 마음만 먹으면 인터넷에 넘쳐나는 요리법이 길잡이가 돼준다. 가성비 높은 간편식과 편의점 도시락이라는 '구원투수'도 있다.

폼 나게 사는 것도 생존이 뒷받침돼야 가능하다. 우아한 백조가 물 밑에서 쉴 새 없이 자맥질을 하는 것처럼. 기본은 먹고, 입고, 자는 것이다. 의식주만 제 손으로 감당해도 노후 준비의 입문은 끝낸 것이나 다름없다. 솔직히 밥상 차리기, 설거지, 빨래, 청소는 정말 귀찮다. 일상의 허드렛일은 돈으로 때우기도, 누가 대신해주기도 쉽지 않다.

집안일과 같은 궂은일도 근력 운동과 비슷하다. 운동을 하면 자연스레 근육이 붙듯이 '집안일 근육'이란 것도 하다 보면

생긴다. 집안일은 '돕는' 게 아니라 '하는' 것이라는 인식과 실행
이 뿌리내리면 홀로서기의 기초가 다져진다. 여성은 '생활 근력'
을 좀더 키우는 게 좋다. 기술이라고 할 수 없는 전구 갈아 끼우
기나 간단한 가전제품과 공구 다루기 정도는 익힐 필요가 있다.

맞벌이인 P 부장의 집에선 아내가 더 바쁘다. P 부장이 집
안일을 더 하는 것이 자연스러운 구조다. 주로 설거지와 청소,
빨래, 집안 정리 등이 그의 몫이다. 코로나19로 재택근무를 할
때는 등교를 하지 않는 둘째 아들을 챙겨 먹이는 것도 그의 과제
다. 집안일이 새삼스럽지 않으니 궂은일 근육은 꽤 붙은 셈이다.

홀로 선다는 것은 육체적, 정신적, 경제적 자립을 모두 포함
한다. 내가 나를 돌보지 못하면 삶이 몹시 피곤해진다. 몸이 말
을 제대로 듣지 않는 순간 삶의 질은 급속히 떨어진다. 두 다리
로 가고 싶은 데를 가고 원하는 것을 할 수 있는 것과 침대에 등
짝을 붙이고 누군가의 돌봄을 기다리는 것은 '극과 극'이다. 병
원 신세를 지지 않고 돌봄을 받지 않는 것은 가정경제는 물론 사
회에도 크게 기여한다.

국민건강보험공단의 2017년 나이대별 진료비 현황을 보면,
50대 이상이 전체 의료비(69조 원)의 3분의 2에 가까운 45조 원
을 쓴 것으로 나타났다. 50대 18퍼센트, 60대 19퍼센트, 70대 이
상이 29퍼센트를 차지했다. 의료비는 해마다 6~7퍼센트 늘어나

는 추세다. 노인 돌봄 비용도 2016년에 이미 5조 원을 넘어섰다.

정신적 자립은 자기 생각과 의지대로 계속 살아갈 수 있는 토대다. 곁에 기댈 만한 누군가가 없더라도 흔들리지 않고 서는 힘이다. 가장 큰 적은 고독이다. 늙어갈수록 외로움의 무게는 감당하기 쉽지 않다. 다른 사람 눈에 비치는 자신의 외로운 모습이 더 견디기 힘들지도 모른다. 요즘 1인 가구가 빠르게 늘고 혼밥, 혼영, 혼행, 혼술 등이 확산돼 그나마 환경이 많이 나아진 셈이다.

경제적 자립의 필요성은 더 말할 필요가 없다. 돈이 넉넉해야 한다는 뜻은 당연히 아니다. 벌어뒀거나 버는 범위에서 쓰고, 불요불급한 씀씀이는 줄인다는 마음가짐과 지혜라면 충분하다. 풍족하지 않더라도 자존감이 크게 상하지 않을 정도면 괜찮다. 돈 많은 지인을 쳐다보지 않으면 더 견딜 만해진다.

어떻게 살아갈지 방향을 잡기가 어렵다면, 홀로 서서 다른 이에게 끼칠 돌봄 부담을 줄이겠다는 '작은 목표'라도 세우기를 권한다. 작고 사소한 일부터 행동으로 옮기는 실천력만 있으면 홀로서기 연습은 어렵지 않다.

직함 금단현상

✶

**중요한 책무와 자리가 주어지면 고마울 따름이다. 그렇지 않다면
퇴직 뒤 마음(욕망)을 내려놓기가 더 쉬워지는 것으로 자기
위안을 삼는 게 좋다. 현직에 있을 때부터 자리를 보는 시각을
교정하고 명함과 직위의 부재에 익숙해지는 연습을 하는 것이다.**

새로운 사람을 만날 때면 명함을 주고받으며 인사를 나누
는 것이 보통 직장인의 관례다. 업무와 관련된 자리는 말할 것도
없고, 개인적 만남도 비슷하다. 이런 관행을 두고, 그 개인이 아
니라 사회적 지위를 우선한다며 달갑지 않게 여기는 이들도 있
다. 하지만 말로 이름을 소개하고 악수를 나눠도 기억하기가 쉽
지 않다. 상대의 이름과 하는 일, 연락처 등을 '입력'하는 가장
효율적인 통로가 명함인 것은 분명하다.

명함이 없어 난처한 표정을 짓는 모습을 볼 때가 가끔 있다. 당사자는 "난 명함이 없는데…"하면서 말끝을 흐리기 일쑤다. 명함이 '당당한 일과 사회적 지위'를 증명하는 징표라도 되는 것처럼. 동창 모임에서 오랜만에 만난 고교나 대학 동기들조차 그랬다. 비교적 자기중심을 지키며 살아왔다는 P 부장 또한 이런 명함 문화에서 자유롭지는 못하다. 게다가 요즘은 보직이 없으면 예전처럼 부장, 국장 같은 직위를 쓸 수 없어 명함 교환에 소극적이 되곤 한다.

대다수 5060은 이런 명함이 없어졌거나 없어질 날이 멀지 않았다. 직업과 직위라는 수식어가 사라지고 온전한 개인으로 돌아간다. 그런데 이게 아직은 참 부담스럽다. 한국 사회, 특히 남성 사회의 호칭은 직함으로 통일되다시피 한 게 현실이다. 국장님, 부장님, 박사님 등. 여기에는 '(성년이 된 사람을) 높이거나 대접하여 부르는 말'인 '씨'가 동료나 아랫사람에게 쓰는 호칭으로 '평가절하'돼 적절한 대체어를 찾지 못하는 현실도 작용한다. 영어의 '미스터', '미즈'같이 부담 없이 쓸 만한 호칭이 마땅치 않은 것이다.

우리 사회에선 현직에서 물러난 지 한참 지난 사람도 이전의 호칭으로 부르는 게 일상화돼 있다. 굳이 '전'을 붙여 상대의 현재 처지를 상기시키지 않는다. 가장 잘나갔을 때의 직함으로 부르는 게 배려로 받아들여진다. "호칭에는 그 사람이 사회에서 차지하고 있는 신분이나 지위를 뜻하는 '지체'가 압축되어 있으므로, 호칭이야말로 서열 인정의 리트머스 시험지 노릇을 한다. 강력한 서열 문화 속에서 마땅한 호칭으로 대우받지 못할 때 사람들은 자신의 서열을 인정받지 못한다는 불만과 모욕감을 느낀다."(《나는 이렇게 불리는 것이 불편합니다》에서)

중장년 남성에게 명함과 직위가 없어지는 것은 이런 정도의 압박을 의미한다. 퇴직이 바로 그 분기점이다. 다른 사람에게 자신을 뭐라고 설명해야 할지 고민스러워진다. 소개할 말이 없으면 자존심이 상하고 자존감이 확 떨어진다. 심리학자 김정운은 《남자의 물건》에서 "정년 이후에는 자신의 존재를 확인할 방법이 거의 없다"며 "그래서 한국 남자들은 명함이 사라지는 것을 가장 두려워한다"고 말한다. 자신이 누구인가 하는 정체성을 사회적 지위로 나타냈기 때문에 그것이 실종되는 순간 헤매게 된다는 것이다.

'직함 금단현상'은 잘나갔던 사람들일수록 더 심하다. 산이 높을수록 골이 깊은 이치다. 성향에 따라 차이는 있지만, 내로라하는 위치에 있었던 사람일수록 은퇴 이후 사회생활이 순탄치 않다. 현직에 있을 때와 사뭇 다른 주변의 눈을 감당하기 힘들기 때문이다. 철학자 알랭 드 보통은 《불안》에서 "세상에서 차지하는 자리가 얼마나 많은 사랑을 받을 수 있는지를 결정한다"며 지위가 낮아 무시당하는 것을 불안의 원인으로 꼽는다.

특히 가부장과 체면 문화가 뿌리 깊은 우리 사회에서 중장년 남성이 가장 신경 쓰는 게 주변의 눈이다. 남들이 자신을 뭐라고 부르고, 어떻게 생각할까 하는 데서 전혀 자유롭지 못하다. 그러니 퇴직으로 소득원 못지않게 직함이 떨어져 나가는 게 무서운 것이다. 예전에는 이웃 사람 때문에 퇴직 뒤 집 밖을 나가지 못하는 사람들도 적지 않았다.

힘깨나 쓰던 사람들이 벌 만큼 벌고서도 '낙하산' 자리에 목매는 배경에는 직함에 대한 집착도 있다. 무슨 포럼이니, 연구소니, 협회니 하는 게 끊임없이 생겨나는 것 또한 이사장, 소장, 회장 등 그럴듯한 직함을 만들어내기 위한 방법의 하나라고 할 수 있다.

직함에 대한 미련은 인생 2라운드를 여는 데 가장 큰 걸림돌이다. 대기업 그룹 부회장에서 호텔 웨이터로 변신해 신선한 충격을 준 이도 있지만 아주 예외다. 김정운은 한국 남성이 행복하지 못하고 나이가 들수록 자꾸 우울해지는 까닭에 대해 "끝없이 타인의 눈을 의식하기 때문"이라며, 혼자 밥을 먹고 영화를 보는 것에 누구도 관심을 갖지 않는데 "그들의 눈길을 두려워하니 정말 희한한 현상 아닌가?"라고 묻는다.

P 부장은 그나마 노후 공부를 하면서 '계급장의 유혹'에서 조금 벗어났다. 업무의 성격을 먼저 생각해 간부 직책을 사양하

기도 했다. 어차피 회사를 떠나면 얼마나 높은 자리에 있었느냐 하는 것은 별 의미가 없다. '나도 왕년에~' 하는 레퍼토리는 동년배의 눈살도 찌푸리게 한다는 걸 잘 안다.

중요한 책무와 자리가 주어지면 고마울 따름이다. 그렇지 않다면 퇴직 뒤 마음(욕망)을 내려놓기가 더 쉬워지는 것으로 자기 위안을 삼는 게 좋다. 현직에 있을 때부터 자리를 보는 시각을 교정하고 명함과 직위의 부재에 익숙해지는 연습을 하는 것이다. 빛나는 자리이지만 스트레스가 많고 잘리기 쉬운 임원으로 승진하는 대신 가늘고 길게 가는 만년 부장에 만족하려는 분위기가 확산하는 것도 비슷한 맥락이다.

'60세 정년 법제화'로 정년 연장과 함께 임금피크를 도입한 회사가 많다. 정년이 얼마 남지 않은 사람의 대다수는 급여가 줄어들고 주요 보직에서 제외된다. 퇴직 뒤 '연착륙'을 생각한다면 그리 낙담할 일이 아니다. 임금 삭감이 지나치다면 문제지만, 맡은 일의 중요도가 떨어지고 노동시간이 줄어드는 것은 자연스럽다. 높은 곳까지 올라가지 못한 게 되레 내려오는 데는 도움이 된다. 이 시기를 인생 2라운드로 접어드는 이행기로 받아들인다면 훨씬 보람차게 지낼 수도 있다.

여우의 신 포도

*

삶이 힘들 때는 이런 합리화 또는 방어도 필요하다.
잘 생각해보면, 인생에서 부와 지위, 명예에 비유할 수 있는
'포도'의 대부분이 진짜 별게 아닐지 모른다.
'돈이 모든 것을 말하는' 세상에 살다 보니
그것을 절실하게 원한다고 착각하는 건 아닐까.

　다른 사람과의 비교는 불행으로 가는 고속도로다. 잘 알지만 거기서 초탈할 수 없는 게 인간이니 인생은 비극이 되기 쉽다. 사고력이 발달하지 않은 동물은 어떤지 모르겠으나, 사람은 다른 이의 부, 지위, 권력을, 자주 자신을 평가하는 거울로 삼는다. 함께 살아가지 않을 수 없는 인간 세상에서 피하기 힘든 부작용이다.

사람은 줄곧 위를 쳐다본다. 가끔 아래쪽으로 눈길을 돌릴 때도 있지만 잠깐이다. 제 잘남을 우쭐대고 싶을 때 정도다. 게다가 남의 떡은 커 보이기 마련이다. 나는 힘들어 죽겠는데 다른 이는 참 편하게 잘 사는 듯하다. 자신이 가진 건 당연하고, 가지지 못한 건 부당해 보인다. 남들이 누리는 부나 지위에서 자신이 소외된 게 억울하고 분하다는 생각을 삭이기 쉽지 않다.

상대적 박탈감은 많이 배우고 누려온 사람일수록 더 심하다. 자신도 얼마든지 그럴 만한 자격이 있는데 현실은 그렇지 못해 훨씬 괴로운 것이다. '사촌이 논을 사면 배가 아프다'는 속담이 나온 배경이다. 자신과 무관하고 동떨어진 것이라면 부러워할 뿐 질시하지 않는다.

P 부장은 "억!" 소리 나는 집값 폭등 뉴스를 들을 때마다 '그때 (전세로 살던) 강남에 집을 샀어야 했는데' 하는 미련을 떨치지 못한다. 거침없는 집값 상승이 무주택자나 젊은 층의 고통을 더해주는 불로소득임을 뻔히 안다. 그때 집을 사지 않았다고 해서 돈을 까먹은 것도 없다. 그런데도 '부자로 가는 특급열차'를 놓친 회한에 이따금 휩싸인다. '내게도 그런 기회가 있었는데…' 하며 속앓이를 하는 것이 사람 심리다.

내 집을 마련해 주거 불안에 시달리지 않는다는 감사의 마음이나 주거 안정을 위해선 강력한 부동산 정책과 집값 하락이 필요하다는 평소의 소신은 어느새 자취를 감춘다. 젊은이들이 갈수록 공무원 시험에 목을 매는 걸 개탄하다가도 정년 보장과 두툼한 연금 얘기가 나올 때면 '예전엔 쉬웠는데 왜 공무원 될 생각은 못 했지' 하며 애석해하는 친구들도 본다.

나이를 먹어갈수록 이런 열패감의 자기장을 벗어나기 어렵다. 젊을 때는 그래도 뭔가를 해볼 수 있을 거라는 기대나 자신은 다르게 살겠다는 기개가 있다. 하지만 다니던 직장에서 퇴직할 즈음엔 어떻게 해볼 도리가 없다. 큰돈을 벌거나 높은 지위에 올라갈 가능성이 희박하다. 앞으로의 살림살이 걱정에 더 많이 흔들릴 수밖에 없다.

알다시피 행복의 기본방정식은 '가진 것과 갖고 싶은 것' 또는 '할 수 있는 것과 하고 싶은 것'의 비율로 구성된다. 가진 것이나 할 수 있는 것이 크고, 갖거나 하고 싶은 게 작을수록 행복해진다. 이제 전자는 바꾸기 힘들다. 후자를 줄이는 것이 행복의 지름길이다. 그런데 위만 바라보면 욕망이 풍선처럼 부풀어 올라 노후의 불안과 불행에 기름을 붓게 된다.

그것이 심해지면 후회를 넘어 자학이 된다. '난 도대체 뭐 하고 살았나?' 하며 남보다 가진 게 적은 자신을 후벼 파기 일쑤다. 자신의 인생을 송두리째 부정하는 지독한 우울을 낳기도 한다. '나는 괜찮아' 하고 자신을 다독여보려고 하지만 잘되지 않는다. 문득문득 치솟는 분노가 노후의 삶을 온통 휘젓는다. 많은 준비를 했더라도 이렇게 무시로 찾아오는 울화나 열패감을 다스리지 못하면 편안하고 자유로운 노후는 기대하기 힘들다.

마음이 흔들릴 때마다 P 부장이 떠올리는 우화가 있다. 이솝의 '여우와 포도'다. 여러 버전이 있지만, 널리 알려진 줄거리는 이렇다. '배고픈 여우가 길을 가다 포도나무에 달린 열매를 본다. 따 먹기 위해 갖은 노력을 했으나 실패한다. 그러자 여우는 그 포도는 덜 익어 시기 때문에 필요 없을 거라며 단념한다.'

이 우화는 뭔가를 몹시 원하지만 가질 수가 없을 때의 사람 심리를 꼬집는다. 다른 변명을 늘어놓거나 그럴 만한 가치가 없는 척하는 것이다. 자기 합리화 또는 자기방어 기제다. 부러워하지 않음으로써 지지 않으려는 일종의 '정신 승리'인 셈이다. 노력을 다 하지 않은 채 핑계를 앞세운다는 부정적인 뜻으로 많이 동원되기도 하는 우화다.

그러나 삶이 힘들 때는 이런 합리화 또는 방어도 필요하다. 잘 생각해보면, 인생에서 부와 지위, 명예에 비유할 수 있는 '포도'의 대부분이 진짜 별게 아닐지 모른다. '돈이 모든 것을 말하는' 세상에 살다 보니 그것을 절실하게 원한다고 착각하는 건 아닐까. 다른 이의 물질적 소유와 능력이 부러워 내가 한없이 작아져 보일 뿐, 실제는 그렇지 않을 가능성이 크다. 또 우리는 겉으로 드러난 부와 지위에 집중할 뿐, 그것을 얻느라 치른 대가에는 눈길을 주지 않는다.

다행히 사람을 포함한 모든 생명체는 예외 없이 '한계효용

체감의 법칙'을 적용받는다. 재화나 서비스를 추가로 소비할 때 얻는 효과는 갈수록 줄어든다는 내용의 경제학 법칙이다. 상식적인 얘기다. 배가 고파 빵을 먹을 때 처음 한두 개는 꿀맛이지만 더 먹으면 맛이 없다. 나중에는 질린다.

'돈의 한계'를 입증한 연구 또한 숱하게 나와 있다. 돈이 없으면 매우 불편하지만 그렇다고 돈이 많다고 해서 무한정 만족감을 가져다주지는 않는다. 더욱이 건강과 장수에는 맛난 음식보다는 거친 음식, 돈이 주는 편함보다는 자신의 몸을 쓰는 불편함이 도움이 된다.

이와 함께 학문적 이론은 아니지만 '고민총량불변의 법칙'이란 게 있다. 사람이 아무리 행복하고 즐거워도 고민의 총량에는 큰 차이가 없다는 얘기다. 큰 걱정거리가 사라지면 그때까지 별 신경도 쓰이지 않던 자잘한 고민이 머리를 짓누른다.

생사를 가르는 큰 수술을 하고 나면 어디 몸 한구석의 가려움을 참기가 힘들다. 대낮의 시끄러운 소음이 사라져 정적이 찾아오면 시계 초침 구르는 소리가 천둥 같다. 거꾸로 대중가요 가사처럼 사랑이 떠나갔을 땐 곧 죽을 것 같다가도 시간이 지나면 밥만 잘 넘어간다. 많이 갖는다고 인생의 동반자인 고민과 고통을 뿌리 뽑을 수 있는 것은 아니다. P 부장은 다른 이의 포도가 부러워 흔들릴 때마다 스스로를 달랜다. "그건 신 포도일 거야"라고 되뇌면서.

골든타임

퇴직 5년 전쯤이면 노후의 윤곽이 어느 정도 그려진다. 직장에서
큰 변동이 생기기 어렵고, 퇴직까지 정해진 궤도를 따라간다.
예상되는 수입과 퇴직금 등 노후 자금의 규모도 가늠할 수 있다.
내게 맞는 노후의 모습을 그려보고, 필요한 준비 작업을 차근차근
실행하기에 너무 이르지도 늦지도 않은 시점이다.

골든타임(황금시간). 위급한 환자의 생명을 구할 수 있는 시
간을 뜻하는 의학용어로 널리 알려져 있다. 원래는 가장 효율이
높은 시간, 시청률이 가장 높은 방송 시간대를 뜻하는 말이다.
골든타임을 놓치지 않고 본격 준비에 들어간다면 노후 계획의
수립과 실행이 좀더 쉬워진다.

준비는 이를수록 좋다. 하지만 결코 쉽지 않다. 절실하지 않

으면 결심이 오래가지 못한다. 젊을 때는 불확실성이 너무 크다. 언제까지 직장에 다닐 수 있을지, 안정적 소득이 얼마나 가능할지 가늠하기 어렵다. 결혼, 육아, 교육, 내 집 마련 등 눈앞의 난제가 많다. 먼 노후 이전에 현재의 삶을 누리거나 버티기도 벅차다.

대표적 사례가 보험이다. 갑작스러운 생계 곤란으로 몇 년씩 부은 보험·연금을 깨는 사람이 숱하다. 원금을 손해보고 보험사의 배만 불려주는 이런 일이 끊임없이 반복된다. 보험협회 등의 자료를 보면, 가장 왕성하게 일하는 30·40대에 생명·종신보험과 퇴직연금의 해지 비율이 압도적으로 높다.

긴 안목은 필요하지만, 노후에 저당 잡힌 채 사는 것은 바람직하지 않다. '지금, 여기'에 충실한 것이 '소소하지만 확실한 행복'을 누리는 길이다. 게다가 먼 미래라면 어떻게 준비할지가 막막하다. 금연, 살 빼기, 저축 같은 구체적 목표조차 실행이 녹록지 않다. 하물며 은퇴 뒤의 일자리와 주거, 건강, 관계 등은 훨씬 광범위하고 손에 잡히지 않는 과제다. 생각하면 일단 골치가 아프다.

그러다 보니 많은 사람이 쳇바퀴처럼 맴도는 막연한 생각에 머문 채 퇴직을 맞는다. 주변의 50대에게 물어보면, 몇 년 전이나 지금이나 노후 준비에 거의 진전이 없다. 퇴직이 임박한 사람들도 별로 다르지 않다. 만사가 닥치면 어떻게든 되지만, 준비된 노후가 훨씬 평탄하리라는 점은 부정할 수 없다.

그럼, 언제쯤 본격적인 노후 준비에 들어가는 것이 좋을까? 보통의 직장인이라면 정년퇴직 5년 전이 적기라는 게 P 부장의 생각이다. 불확실성이 너무 크면 장기적 계획과 준비가 실효성을 갖기 어렵다. 반면에 임박하면 딱히 손을 쓸 방법이 없다.

퇴직 5년 전쯤이면 노후의 윤곽이 어느 정도 그려진다. 직장에서 큰 변동이 생기기 어렵고, 퇴직까지 정해진 궤도를 따라간다. 예상되는 수입과 퇴직금 등 노후 자금의 규모도 가늠할 수 있다. 대체로 자녀의 대학 진학이 끝나 부모의 1차 책임도 완수할 즈음이다. 내게 맞는 노후의 모습을 그려보고, 필요한 준비 작업을 차근차근 실행하기에 너무 이르지도 늦지도 않은 시점이다. 물론 사람마다 사정이 다르고 편차가 있을 것이다.

노후 자금부터 살펴보자. 대부분 저축을 하고 있을 테고, 씀씀이를 더 줄이는 게 쉽지 않다. 그럼에도 달마다 100만 원씩 추가로 저축한다면 어떻게 될까? 5년 동안 원금만 6천만 원이 쌓인다. 집값이 수억 원 올랐거나 억대 연봉을 받는 사람에겐 대수롭지 않은 액수일지 모른다. 그러나 노후 생활비를 250만 원으로 가정할 때, 국민연금 150만 원을 받는 퇴직자는 이 돈으로 5년 치 생활비를 충당할 수 있다.

2023년이 정년인 P 부장은 2018년부터 달마다 200만 원씩 적금을 붓고 있다. 100만 원은 노후 생활 자금, 나머지 100만 원은 여행 자금 용도다. 실속 있는 세계일주 경험자들에 따르면,

혼자 1년 동안 해외를 다니는 데 3천만 원은 그리 부족하지 않은 금액이다. 별일이 없으면 P 부장은 정년 때 2년간 해외여행이 가능한 자금을 손에 쥐게 된다. 세계여행은 버킷리스트에서 빠지지 않는 은퇴자의 꿈이다. 하지만 이렇게 '꼬리표'를 달아 돈을 모으지 않으면 실행에 옮기기 어렵다. 노후 자금이란 아무리 많아도 부족하기 마련이니까.

앞으로 소득이 없고, 국민연금 수령까지 몇 년 기다려야 하는 터에 혼자 큰돈을 쓰겠다고 하면 가족의 비난을 피할 수 없다. 퇴직금이라는 마지막 목돈이 있더라도 이런 안전장치를 두면 배우자와 자녀의 눈치를 덜 볼 수 있다. 분명한 목표를 갖고 자금 조달 계획을 세우지 않으면 돈이란 모래알처럼 스르륵 빠져나가게 된다.

뚜렷한 목표에 따라 일정 기간 지출의 짜임새를 높여야 의미 있는 수준의 자금을 모을 수 있다. 재무 설계 전문가들의 권고처럼 용도별로 다른 돈주머니를 마련하는 것이 모범답안이다. 하지만 많지 않은 소득에서 생활비·자녀 양육비·노후 자금 등을 따로 운용하는 것까지는 보통 사람에게 벅차다.

노후 일거리를 찾는 것도 마찬가지다. 온 나라가 일자리 부족으로 몸살을 앓고 있는데 내게 맞는 새로운 일을 쉽게 발견하기는 만무하다. 시도가 성공으로 이어지는 것도 결코 아니다. 그런대로 할 만한 일도 있을 테고, '이 길이 아닌가 보네' 하고 돌아서야 할 때도 많다. 퇴직 이후가 돼서야 일을 찾겠다고 나서면 마음이 조급해지기 십상이다.

2018년 경찰 초급간부로 퇴직한 K 씨는 이듬해부터 서울시 내 초등학교 보안관으로 일하게 됐다. 월급은 최저임금을 약간 웃도는 수준이지만 주 40시간 근무에 5년 고용이 보장돼 경쟁이 만만치 않았다. 평소 배우기를 좋아하는 그가 따둔 안전·소방 분야 자격증이 합격에 한몫했다.

우리 사회에선 별 실효성도 없는 자격증을 따는 데 너무 많은 시간과 비용을 들이는 게 문제다. 그럼에도 막상 뭔가를 하려면 자격증을 요구받으니 무시할 수 없는 게 현실이다. 인생 2라운드에 가능한 일을 압축해보고, 필요한 조건을 갖추는 데는 적잖은 기간이 필요하다.

취미 생활 또한 그렇다. 은퇴하면 시간이 많을 테니 그때부터 해보지 하는 생각을 할 수도 있다. 하지만 사람은 쉽게 흔들리는 존재다. 막상 닥쳐 여러 가지가 한꺼번에 바뀌면 감당하기 어렵다. 이 고민, 저 고민이 얽히고설켜 초조함에 쫓긴다. 뭐부터 해야 할지 머리가 복잡하고 마음만 부산해진다.

생활이 비교적 안정된 시기에 어느 정도 기본을 다져놓고 이어나가는 것이 한결 손쉽다. 우리말에 '별로 힘들이지 않고 계속 가볍게 행동하다'라는 뜻을 가진 '사부작'이란 낱말이 있다.

시간을 갖고 사부작거리며 쉬운 것부터 하나씩 해나가면 노후 준비의 부담이 가벼워진다. 퇴근 뒤와 주말, 휴가 등 활용할 시간이 많다. 이것이 노후 연착륙의 비결이다. 시간이 부족할 때에도 P 부장이 외국어, 드럼, 그림 등에서 손을 떼지 않는 이유다.

2부

일

—

이제
뭘 하며
살지?

여섯 개의 원

**열정, 능력, 쓰임새의 세 영역을 원으로 그려 자신이 생각하는
주제가 어디에 해당하는지 확인해보자. 어느 하나에만
들어가도 괜찮다. 두 개의 원에 겹쳐지거나 세 원의 공통 영역에
포함된다면 더 말할 나위가 없다.**

앞으로 뭘 하며 살아야 하나? 공통적인 고민이다. 정년까지
채워 회사를 다녔더라도 이후 20~30년을 놀면서 지낼 수 없다
는 것은 상식이다. 경제적 여유에 관계없이 무슨 일인가는 해야
무시로 찾아오는 삶의 무의미함과 지루함을 덜 수 있다.

머릿속으로 수많은 것을 떠올려보지만 이거다 하는 것을
찾기는 쉽지 않다. 그 때문에 숱한 밤을 뒤척거리고, 문득문득
잠에서 깨기도 한다. 젊은 날에도 꼭 맞는 일을 찾기 쉽지 않았

으니 그 문이 훨씬 좁아진 지금은 더 말할 필요가 없다. 성인이 된 자녀들 취업난까지 겹쳐 고민의 무게는 곱절이 된다.

인생 2라운드에는 딱히 정해진 궤도가 없고, 방향도 스스로 정해야 한다. 우선 큰 가닥부터 잡아보자. 자신이 어떤 사람이고, 어떻게 나이 들고 싶은지 스스로에게 진지하게 물어볼 필요가 있다. 그래서 살아가는 맛을 더 느끼게 할 영역을 찾는다면 노후는 훨씬 풍요로워진다. 그런 영역 또는 범주를 '삶의 주제'라고 할 수 있다.

그 주제는 그동안 해온 일의 연장선에 있거나 비슷할 수도, 전혀 낯선 것일 수도 있다. 거창하고 추상적인 것일 수도, 아주 구체적이고 사소한 것일 수도 있다. 나름의 주제에서 경쟁력과 차별성을 가진 하나의 사례로 유튜버를 들 수 있겠다. 꾸준하게 붙들고 있을 만한 주제가 하나가 아니라 여럿이면 더욱 좋다.

주제가 명확하면 노후 설계의 큰 가닥을 잡은 것이나 다름없다. 그 주제와 관련된 활동을 하면 '뭐 하면서 살지'라는 고민이 줄어든다. P 부장에겐 '나이 듦'이 첫 번째 주제다. 지금처럼 많은 사람이 오래 사는 것은 수십만 년에 이르는 인류 역사상 처음 있는 일이다. 그래서 P 부장은 사람이 나이를 먹는다는 게 뭔지 죽을 때까지 파보고 싶어 한다. 나이 듦에 대해 더 깊이, 더 많이 아는 것이 즐겁다. 그 앎을 바탕으로 가치 있게 나이 들고 싶어 한다. 나아가 다른 사람도 건강하고 즐겁게 나이 들 수 있도록 도움이 됐으면 하는 게 그의 바람이다.

이 주제와 관련된 일거리는 여러 가지다. 돈벌이가 되는지는 다른 차원의 문제다. 돌봄 노동자 등 시니어 산업 종사자, 노후 관련 저술가, 시니어 단체 자원봉사자 등 정신노동과 육체노동의 영역을 망라한다. 스스로 고른 주제의 일인 만큼 더 기꺼운 마음으로 노력과 시간을 들이게 될 것이다.

그가 선택한 또 하나의 주제는 언어다. 우리말과 외국어를 익히고 능숙하게 쓰는 것이다. 언어와 관련된 일거리도 몇 가지 있다. 외국인에게 한국어를 가르치는 일을 우선할 생각이다. 해외 한국어 봉사나 국내 다문화가정 지원이 있다. 외국어 관련 책이나 영상 만들기, 번역 등도 가능하다. 그는 이 두 가지 주제와 관련된 뭔가를 하면서 살아갔으면 한다.

P 부장은 삶의 주제를 어떻게 정한 것일까. 개인이든 회사든 방향을 설정할 때 고려해야 할 기준을 생각해보자. 크게 세 범주로 나눌 수 있다. 우선 정말 하고 싶은지(열정)다. 머릿속으로 사표를 수십 번 썼다 지우면서도 먹고사느라, 애 키우느라 가지 못한 길을 이제야 가보려는 5060이 적지 않다.

순댓국집 주인에서 시니어 모델로 변신해 화제를 모은 김칠두 씨에겐 패션이 주제다. 20대 때부터 관심을 두었던 패션이 결국 두 번째 인생의 디딤돌이 됐다. 교사 C 씨는 방랑시인을 꿈꾼다. 벌어놓은 것은 별로 없어도 지구촌 곳곳을 다니며 남은 생을 보내려 한다. P 부장의 동창인 공학 교수 J는 야생화에 몰두한 지 몇 년 됐다. 다른 친구 K는 수많은 북한산 코스를 하나하나 다니며 동영상을 찍은 뒤 유튜브에 올린다. 하고 싶은 일에 열중하는 사람들이다.

잘하거나 그럴 자신이 있는지(능력)와 사회적 수요가 많은지(쓰임새)가 다음으로 중요한 잣대다. 꼭 하고 싶은 것은 아니어도 잘하는 영역에서 뭔가를 하는 것은 부담이 훨씬 덜하다. 시대와 기술의 변화에 따라 사람이 지속적으로 요구되는 영역이라면 뛰어나지 않아도 쓰임새가 있다. 인공지능(AI)의 발달과 취업난의 가중에도 돌봄 노동처럼 사람이 꼭 필요한 일자리는 늘어나는 것이 그 사례다.

열정, 능력, 쓰임새의 세 영역을 원으로 그려 자신이 생각하는 주제가 어디에 해당하는지 확인해보자. 어느 하나에만 들어가도 괜찮다. 두 개의 원에 겹쳐지거나 세 원의 공통 영역에 포함된다면 더 말할 나위가 없다. P 부장에게 나이 듦이란 주제는 삼박자를 동시에 갖춘 것이다. 몹시 해보고 싶은 동시에 잘할 수 있고, 갈수록 수요가 커지는 영역에 해당한다.

선택한 주제에서 구체적 일을 찾을 때는 또 다른 세 개의 원을 적용하는 것이 필요하다. 효용의 측면에서 즐거움(재미)을 주는가, 보람(의미)이 있는가, 그것도 아니라면 돈벌이(실용)가 되는가다. 하나에라도 들어간다면 역시 반길 만한 일이다. 세 원이 겹치는 영역의 일은 최선이다. P 부장에겐 외국인 대상 한국어 강의가 여기에 해당한다. 즐거움과 보람, 소소한 수입을 얻을 수 있기 때문이다.

　무엇이든 시작이 가장 어려운 법이다. 게다가 지나온 삶과 하던 일, 이리저리 얽힌 관계, 벌어놓은 재산 정도 등으로 인생 후반부 설계는 몹시 복잡하다. 누구에게나 맞는 하나의 해답을 제시하는 것은 불가능하다. 하지만 보편적으로 통용될 만한 지침은 있다. 내 삶의 주제 정하기는 체계적 노후 준비의 첫 관문이다.

　"인생의 전반기(의 일)가 의무적인 것이라면, 후반기는 선택이다." 미국 하버드대학 비즈니스스쿨에서 '후반기 인생 학교' 프로젝트를 진행했던 쇼사나 주보프의 말이다. 먹고사는 문제가 너무 절실하지만 않다면 자신의 주제를 찾아 거기에 어울리는 일을 선택하기를 기대한다. 어느 정도 나이 든 지금, 인생을 살찌울 바로 그 기회가 현관문 앞에 와 있다.

일벌과 나비의 시간

★

노후에 주 40시간 근무로 최저임금을 번다고 가정해보자. 연간
수입은 2천만 원 남짓이다. 퇴직한 5060에게 1년이라는 시간의
시장가격이 그 정도인 셈이다. 단순하게 계산해 2억 원 남짓이면
10년의 자유가 보장된다.

요즘 5060의 바람은 소박해졌다. 눈높이를 많이 낮췄다. 육
체노동에 대한 거부감도 적다. "내가 어떻게 이런 일을…"이라
는 말을 입에 올리는 사람이 많지 않다. 건강이나 사회적 관계
등 다른 긍정적 효과를 위해서라도 일하겠다는 사람이 다수다.

P 부장은 주변에서 너무 빡센 일이 아니라면 월 150만~180
만 원 정도만 벌어도 좋겠다는 얘기를 많이 듣는다. 그의 생각
도 다르지 않다. 직장을 꾸준히 다닌 50대 후반의 예상 국민연금

(140만 원가량)과 합해 월 260만 원 남짓인 노후 적정 생활비(부부 기준)를 충당하는 데 어려움이 없기 때문이다. 55~79세 대상의 2018년 조사에서도 희망하는 월급으로 150만~200만 원을 꼽은 응답자가 네 명에 한 명꼴로 가장 많았다.

이런 바람은 대체로 주 3일 근무와 같이 지금보다 적게 일하는 것을 전제로 한다. 그래서 현실과 상당한 거리가 있다. 주 40시간을 채워서 일할 때 받는 최저임금(주휴수당 포함)이 2021년 182만 원이다. 구인광고에 나오는 중장년 일자리 가운데 최저임금보다 많이 주는 곳은 찾아보기 힘들다. 고용 형태 또한 절대다수가 파견·계약직, 시급제다.

군 장교 출신으로 파견업체에 고용돼 9년째 건물 경비 업무를 하는 J 씨는 "이 일을 시작할 때는 월급이 130만 원대였다"며 최저임금 인상 덕을 많이 본다고 말했다. 줄어든 노동시간으로 기대하는 수준의 급여를 받을 만한 일자리는 드물다. 선택의 여지가 없어 어떤 일이라도 마다하지 않겠다는 중장년이 대다수다.

흔히 나이가 들면 '시간 부자'가 된다고 한다. 젊을 때 가장 아쉬웠던 게 시간이다. 긴 휴식을 누릴 여유가 없었고, 여행을 가더라도 주말이나 방학같이 사람들이 몰리는 시기를 피하기 힘들었다. 그런데 나이 들어서도 돈을 벌기 위한 일에 연연해하면 다시 시간을 포기할 수밖에 없다.

더욱이 재취업을 하려는 5060 앞에 놓인 일자리의 급여나 노동조건은 매우 열악하다. 더 적은 수입을 위해 훨씬 더 긴 노동시간을 감내해야 하는 상황이다. 창업해 자영업자가 되면 거의 가게에 매달려 있어야 한다. 직장을 다닐 때 누렸던 휴가조차 없다.

용인의 작은 아파트 단지 관리소장인 S 씨는 아파트의 전기·설비를 담당하는 기전기사로 일할 때의 경험을 떠올리며 명절에도 자리를 비울 수 없는 게 가장 힘들었다고 말했다. 급여가 월 250만 원 안팎이어서 퇴직자 기준으로는 괜찮은 편이고 일도 감당할 만했다. 하지만 1년 내내 돌아가는 격일 교대 근무는 어떻게 할 도리가 없었다.

서울 서대문구의 마을버스 업체는 1일 2교대 버스 기사를 모집하면서 '65세 이상 환영'이라는 광고를 내붙였다. 더 젊은 기사는 찾아보기 어려워서다. 버스 운전 역시 주말이나 공휴일, 명절 구분 없이 1년 내내 돌아가는 쉽지 않은 일거리다.

5060은 젊은 시절을 긴 노동으로 보냈다. 대부분 고교나 대학을 졸업한 뒤 곧바로 취업전선에 뛰어들어 지금껏 쉼 없이 달려왔다. 60세 정년 연장의 혜택을 보지 못하고 직장을 떠난 이들도 재취업과 창업을 위해 여전히 안간힘을 쏟는다. 안타까운 것은 중산층 퇴직자들조차 노후에 돈을 벌지 않으면 안 된다는 강박관념에 쫓긴다는 점이다.

우리나라 중장년은 대체로 일흔 살 너머까지 일하기를 희망한다. 예순 살 이전에는 보통 일흔 살까지라고 대답하지만, 예순 살이 넘어가면 일흔 살 이후에도 일하고 싶다는 대답이 늘어난다. 일하는 관성이 지속되는 것이다. 물론 경제적 이유(59퍼센트)가 가장 크다.

그럼, 도대체 '왜 사는가?' 하는 근본적 물음을 던지지 않을 수 없다. 요즘은 정신적, 신체적 나이가 숫자상 나이보다는 훨씬 젊다. 하지만 대체로 70대 중반을 넘어가면 활동력이 크게 떨어진다. 정년인 60세 이후 10~15년이 노후 30년 가운데 가장 의미 있는 시기라고 할 수 있다. 노동과 가족 부양의 의무에서 해방된 동시에 몸과 마음의 활기가 충분한 때다. 원하는 것을 해볼 수 있는 인생의 황금기다. 이 기간을 얼마 되지 않는 수입과 통째로 맞바꾸는 것은 애석한 일이다.

노후에 주 40시간 근무로 최저임금을 번다고 가정해보자. 연간 수입은 2천만 원 남짓이다. 퇴직한 5060에게 1년이라는 시간의 시장가격이 그 정도인 셈이다. 단순하게 계산해 2억 원 남짓이면 10년의 자유가 보장된다. 기존 자산과 연금으로 노후 생활이 가능한 P 부장에겐 그 돈보다 10년이란 시간이 우선이다. 그만큼을 더 벌어야 할 절대적 이유가 없고, 그 돈을 자녀에게 물려줄 마음 또한 없다.

P 부장은 한국어 강의와 돌봄 노동이라는 두 갈래로 퇴직 뒤를 준비한다. 돈벌이가 되는 일을 해야겠다는 생각은 아니다. 원하는 일이니 무보수로 할 수 있는데 수입이 생긴다면 더 좋을 따름이다. 좋아하거나 잘하는 일을 진득하게 하다 보면 자신을 필요로 하는 곳을 발견할 가능성이 높다. 닥치는 대로 일을 하겠다며 조바심을 내는 것보다 이런 방식이 구직으로 연결되기 더 쉽다.

정년이 65세인 교수 사회에서도 요즘 돈 대신 시간을 선택하는 사례가 생겨나고 있다. 2019년 서울 K대 S 교수는 60세가 된 교수 두 명이 스스로 그만두는 보기 드문 일이 생겼다고 전했다. 생활의 여유와 연금이 뒷받침되니까 그랬겠지만, 남은 시간이 더 소중했기에 내린 결정으로 보인다. 62세가 정년인 교사들의 명예퇴직은 더 흔하다.

5060에겐 적은 노동시간과 적은 수입의 균형이 적절하다. 노후 수입이 절박하지 않다면 되도록 돈벌이 고민을 줄이는 게 바람직하다. 한 번뿐인 인생, 일만 하다 죽는 일벌이 아니라 나비처럼 맘껏 날갯짓을 해보도록. 그것은 취업난에 시달리는 청년, 빈곤선에서 허덕이는 다른 5060과 공생하는 길이기도 하다.

재취업 노마드

★

정년 이후 재취업이란 것도 거의 계약직이다. 일이 있는 곳을 찾아다니며 단기 재취업을 되풀이하는 것이다. 결국 60세 이후엔 자영업자를 포함한 1인 사업자나 프리랜서, 재취업자가 별반 다를 게 없다. 그렇다면 고정투자가 적게 들고, 시간의 대부분을 매여 있지 않아도 되는 일을 찾는 것이 낫다.

본격적인 돈벌이를 하려고 마음먹은 5060 퇴직자에겐 재취업과 창업의 두 갈래 선택이 존재한다. 어느 쪽이든 쉽지 않은 길이다. 대부분 상대적으로 위험 부담이 작은 재취업을 선호한다. 다수는 이전 직업과 같은 직종을 원한다. 다른 분야에 견줘 여건이 낫고, 만족도도 높다.

그러나 능력 부족이 아니라 나이 때문에 기존 일자리에서 밀려난 터여서 경험이나 경륜을 살릴 만한 새 직장을 찾기가 녹록지 않다. 2019년 미래에셋은퇴연구소 보고서를 보면, 재취업·창업을 한 5060의 다수가 다른 직종(32.5퍼센트)이나 단순노무(24.0퍼센트) 등의 일을 하는 것으로 나타났다.

나이 들어서는 재취업을 해도 오래 다니기 쉽지 않다. '5060 일자리 노마드족이 온다'라는 제목의 이 보고서에 따르면, 재취업자의 평균 재직 기간은 1년 6개월 남짓이다. 재취업 횟수가 늘어날수록 임금수준과 근로조건이 나빠진다. 특히 정년을 넘긴 사람은 거의 대부분 계약직으로 여러 곳을 떠돌 수밖에 없다. 그래서 '노마드(유목민)'라는 표현을 썼다.

익숙지 않은 분야의 새 일자리를 찾으려면 채용 정보를 제공하고 재취업과 창업을 지원하는 공공기관을 우선 활용할 필요가 있다. 고용노동부와 한국고용정보원의 '워크넷', 노사발전재단의 '중장년내일센터', 한국노인인력개발원의 '노인일자리 여기'가 대표적인 창구다.

워크넷에서 '장년'을 누르면 비교적 시니어에게 잘 맞는 일자리 정보가 나온다. '노인일자리 여기'는 정부·지자체가 주도하는 노인형 일자리를 모았고, 중장년내일센터는 재취업·창업 지원에 주력한다. 서울일자리포털에선 서울 시내 공공일자리 채용정보를 쉽게 볼 수 있다.

물론 대다수 일자리는 흔히 아는 종류다. 중장년 대상은 경비, 청소, 운전, 요양보호, 단순노무 등이다. 현재 고령 취업자의 직종 분포와도 비슷하다. 자영업이나 농림어업을 빼면, 서비스업(약 35퍼센트)과 도소매·음식숙박업(약 20퍼센트)이 대부분이다. 65세가 넘어서는 단순노무와 농림어업의 비율이 압도적이다.

창업 환경도 어렵기는 마찬가지다. 중장년 퇴직자의 창업은 과포화 상태인 자영업 시장에 뛰어드는 것과 동일시된다. 5년 이상 버틸 확률이 30퍼센트가 채 되지 않는 레드오션이다. 본인과 무급으로 일하는 가족의 인건비조차 건지기 쉽지 않은 실정이다.

그런데도 다른 길이 보이지 않아 대책 없이 자영업에 뛰어드는 중장년이 수두룩하다. 이전보다는 조금 나아졌지만, 창업 준비 기간이 석 달도 되지 않는 '묻지 마 창업'이 전체의 절반 가까이 되는 게 단적인 증거다. 코로나19로 자영업 환경은 한층 열악해졌다.

창업은 원래 존중받아 마땅한 도전이다. 실패와 손실의 위험을 무릅쓰고 자기 힘으로 사업을 벌이기 때문이다. 스스로를 고용할 뿐 아니라 일자리를 창출하기도 해, 높은 사회 기여도를 인정받는다. 개척 정신이 강한 미국에선 이런 '스몰 비즈니스'를 존중한다. 그런데 미국의 전체 취업인구에서 자영업자가 차지하는 비율은 우리의 4분의 1인 6퍼센트 남짓에 지나지 않는다. 이웃 일본도 자영업자 비율이 우리의 절반에 못 미치는 11퍼센트

안팎이다.

우리의 창업과 재취업 여건은 이들 나라보다 몇 배나 열악하다. 국민연금은 아직 역사가 짧고 사회안전망은 매우 부실하다. 일자리 창출은 정부가 팔을 걷고 나서도 성과를 내기 어려운 난제 중의 난제다. 그런 만큼 중장년 퇴직자에겐 더 현명하고 신중한 판단이 요구된다.

사실 고정자본이 많이 드는 사업이 아니라면 창업과 재취업 사이의 거리는 멀지 않다. 초기 자본이 어느 정도 필요한 작은 편의점의 점주와 점원, 식당의 주인과 종업원을 예로 들어보자. 양쪽 모두 자신의 노동시간에 해당하는 인건비 수입을 얻는 정도다. 또 1인 사업자가 집이나 공유 사무실, 미니 점포 등을 업무 공간으로 쓴다면 계약으로 일거리를 받는 프리랜서와 다름없다.

정년 이후 재취업이란 것도 거의 계약직이다. 일이 있는 곳을 찾아다니며 단기 재취업을 되풀이하는 것이다. 결국 60세 이후엔 자영업자를 포함한 1인 사업자나 프리랜서, 재취업자가 별반 다를 게 없다. 그렇다면 고정투자가 적게 들고, 시간의 대부분을 매여 있지 않아도 되는 일을 찾는 것이 낫다.

자동화로 인력 수요가 줄어드는 제품 생산보다는 사람의 손길이 계속 필요한 서비스 쪽이 구직 전망이 밝다. 예를 들어, 고령화 시대인 만큼 고령자 서비스는 블루오션인 셈이다. 미국이나 일본에서 60대 이상을 대상으로 하는 시니어 헬스트레이너가 인기라고 한다. 나이 든 고객의 마음과 몸 상태를 더 잘 이해하는 사람이 운동 지도나 돌봄을 제공해주면 한결 마음이 놓인다. P 부장이 염두에 두는 한국어 강사나 돌봄 노동자도 서비스 노동에 해당한다.

또 단순노동에 비해 일정한 지식이나 기술이 요구되는 일이 구직과 수입, 노동환경 측면에서 당연히 유리하다. 복잡하고 대단한 정보기술(IT)이 아니라 어느 정도 숙련된 기능이면 충분하다. 아파트에서 격일 교대근무를 하는 직종에서도 경비보다는 기전기사의 여건이 한결 낫다.

2020년 정년을 맞은 중견기업 K 부장은 고궁 문화해설 자원봉사를 몇 년째 해왔다. 문화재청 소속 문화재 해설사 모집을 기대하며 준비하는 것이다. 급여가 최저임금보다 조금 나은 수준이고 4대 보험이 제공된다. 일정한 지식을 필요로 하고 물리적으로 덜 힘든 일이다.

미래에셋투자와연금센터 김경록 대표는 《1인 1기》에서 기술이 고령화를 헤쳐 나갈 안전벨트가 될 수 있다며, 기술을 익히는 것의 장점으로 고정자본이 필요 없고, 시간이 지날수록 부가가치가 높아지며, 사회적 관계가 확장되는 점 등 일곱 가지를 들었다.

연착륙 사다리

★

재취업 준비는 일찍 시작할수록 좋다. 회사를 다니는 동안 남는 시간을 허투루 보내지 말고 재취업에 도움이 되는 교육을 받는 것이 바람직하다. 그래야 퇴직 이후 공백기를 최소화할 수 있고, 좀더 적합한 일자리로 옮겨가는 연착륙도 가능하다.

중견기업을 다니다 2018년 말 정년을 맞은 D 씨가 첫 번째로 한 일은 실업급여 신청이다. 정년퇴직을 해도 '본인이 원치 않는 퇴직'이어서 실업급여는 나온다. 중장년 고호봉자가 대상인 '인원 감축' 차원의 명예퇴직이나 희망퇴직도 마찬가지다.

액수는 퇴직 전 평균 임금의 60퍼센트이지만, 상·하한이 정해져 있다. 2020년 기준, 상한액은 하루 6만 6천 원(월 평균 198만 원), 하한액은 6만 120원이다. 하한선은 최저임금과 연동돼 지난 몇 년 동안 꾸준히 올랐다. 상하한의 격차가 근소해 고용보험료를 많이 낸 사람이 너무 불리하다는 지적도 나온다. 하지만 실업급여의 원래 취지가 실직 때의 최저생활 보장인 점을 이해할 필요가 있다.

D 씨처럼 장기간 고용보험료를 성실하게 납부한 노동자에겐 실업급여가 권리라고 하겠다. 나이가 50세 이상, 고용보험 가입 기간이 10년을 넘긴 비자발적 퇴직자가 실업급여를 받을 수 있는 기간은 9개월(270일)이다. 가입 기간이 그보다 짧으면 개월 수가 조금씩 줄어든다. 규정된 구직 활동을 지속하는 것이 그 조건이다.

퇴직한 지 1년이 지나면 그 자격이 사라진다. 부정수급으로 적발되면 받은 돈을 토해내는 것은 물론 형사고발도 따른다. 부정수급에 해당하는 사례가 폭넓으니 고용노동부 홈페이지나 고용센터 상담을 통해 꼼꼼하게 확인하는 게 좋다. 일찍 재취업을 하면 미지급 실업급여의 3분의 2까지 받을 수 있다.

다음으로 챙긴 것은 재취업 교육이다. 기존 경험·역량과 무관한 재취업은 다른 기술과 기능을 요구한다. 퇴직을 전후한 사람은 정부·지자체 등이 지원하는 교육 프로그램(직업훈련)을 먼저 살펴보는 게 도움이 된다. 도전해볼 만한 분야를 찾을 수도 있고, 교육비 지출이 줄어드는 이점이 있다. 훈련 이수가 재취업을 보장해주지는 않지만 훈련 과정 없이 재취업은 쉽지 않다.

무료 프로그램부터 살펴보자. 전문기술인 양성이 설립 취지인 폴리텍대학에는 신중년특화과정과 여성·중장년재취업과정이 설치돼 있다. 캠퍼스별로 훈련 분야가 다르다. 서울 강서캠퍼스의 2021년 신중년특화과정 모집요강을 보면, 주간 4개월 과정으로 실내건축디자인, 글로벌한식조리, 시니어헬스케어 분야에서 25명씩 뽑는다. P 부장은 당연히 요양보호 전문교육을 받을 수 있는 시니어헬스케어를 주목한다. 정수캠퍼스는 그린에너지설비와 자동차복원 분야(6개월 과정)에서 50명씩 뽑는다.

지자체의 무료 기술교육도 있다. 서울 기술교육원은 주간 1년, 주·야간 6개월, 3개월 등 다양한 과정을 운영한다. 2020년에 정년퇴직한 K 씨는 퇴직 1년 전에 서울 북부기술교육원에서 용접훈련을 받았다. 회사에 다니는 동안 훈련을 마치기 위해 6개월 야간 과정을 선택했다. 50세 이상 남성 구직자들이 직업훈련을 통해 기능사 자격을 딴 분야(2017년 고용노동부 조사)는 지게차운전, 굴삭기운전, 건축도장, 전기, 조경의 차례로 나타났다.

재취업 준비는 일찍 시작할수록 좋다. 회사를 다니는 동안 남는 시간을 허투루 보내지 말고 재취업에 도움이 되는 교육을 받는 것이 바람직하다. 그래야 퇴직 이후 공백기를 최소화할 수 있고, 좀더 적합한 일자리로 옮겨가는 연착륙도 가능하다. 중장년일자리희망센터 황영희 수석컨설턴트는 '커리어Info' 칼럼에서, 중장년이 갖춰야 할 재취업 노하우로, 꾸준한 자기계발을 통한 직무 전문성 확보, 직무 강점 중심의 목표 설정 등을 꼽았다.

재직 중에도 활용할 수 있는 것이 국민내일배움카드제도다. 구직자, 재직자, 자영업자에 관계없이 5년 동안 300만~500만 원의 교육비를 지원해준다. 지원은 고용노동부에서 인정한 훈련 과정에만 해당된다. 직업훈련포털에서 지원 대상 훈련 과정과 카드 발급 방법을 확인할 수 있다.

P 부장은 이 배움카드를 활용해 2018년 한국어교원 3급 자격증을 땄다. 인터넷 수업을 받으며 한국어교원 양성 과정을 마쳤다. 직업훈련포털에 배움카드를 신청해 발급받은 뒤 훈련비용 전액(약 40만 원)을 국비로 지불했다. 당시에는 온라인 교육과정에 한해 교육비 전액 지원이 가능했다. 지금은 모든 과정에서 30~40퍼센트의 자기 부담이 필요한 것으로 바뀌었다.

자영업과 달리, 첨단 기술과 아이디어를 바탕으로 하는 창업은 크게 환영받는다. 이런 분야의 구상이나 노하우를 갖춘 5060도 드물지 않다. 언어와 나이 듦에 초점을 맞춘 P 부장의 노후 구상에도 디지털 창업이 들어 있다. 은퇴부터 사망까지 노후 생활에 필요한 서비스 전반을 겨냥한 플랫폼 사업 같은 것이다.

중장년의 기술 창업을 지원하는 공공 프로그램은 여럿이다. 퇴직자가 주목할 만한 기관과 사업으로, 중장년기술창업센터(공간 제공), 초기창업패키지(최대 1억 원 사업 자금 지원), 신사업창업사관학교(점포 체험), 재도전성공패키지(재창업 사업화) 등을 꼽을 수 있다. 중점 지원 대상과 방식이 조금씩 다르다.

　퇴직 뒤 연착륙을 위해선 직업훈련과 함께 심리훈련도 필요하다. 마음의 준비가 돼 있다고 해도 막상 퇴직이 닥쳐 아침에 출근할 곳이 사라지면 한동안은 충격에서 벗어나기 힘들다. 그걸 최소화하려면 '예방주사'를 맞는 게 좋다. 퇴직 전에 회사라는 보호막으로부터 서서히 자신을 분리시키는 과정을 거치는 것이다. 미국 재무설계사 스테판 M. 폴란은《다 쓰고 죽어라》에서 노후 준비를 위한 첫 과제로 '심리적 사표 쓰기'를 제안했다. 그는 "스스로 자유계약 선수가 된 것처럼 생각해야 한다"고 강조했다.

　그의 권고가 회사 일을 소홀히 해도 좋다는 말은 아니다. 출퇴근만으로 하루를 충실히 보낸 것으로 착각하면서 홀로서기 훈련을 마냥 미뤄놓아서는 안 된다는 뜻이다. 회사와의 이별을 위한 정신적·심리적 분리 단계를 주도적으로 밟아나가라는 것이다. 그러면 퇴직을 하더라도 갑작스레 절벽에서 떨어지듯 회사 밖으로 밀려났다는 생각에 오래 사로잡히지 않게 된다.

재택근무의 재발견

재택근무는 특히 퇴직이 가시권에 든 P 부장 같은 중장년에겐
아주 소중한 기회다. 오래지 않아 생활의 '주전장'이 직장에서
집으로 바뀔 것이기 때문이다. 평일에도 집에 머무는 것에
익숙해져야 한다. 재택근무는 회사에 나가지 않는 하루를 짜임새
있게 보내는 노하우를 기르는 선행학습 시간으로 활용 가능하다.

2020년 코로나19의 확산은 한국 사회의 새 풍속도를 그렸
다. 일부 앞서가는 기업에서나 볼 수 있던 재택근무를 상당수 기
업에 퍼뜨렸다. P 부장이 다니는 중견기업도 예외가 아니었다.
그는 회사에 반드시 있어야 하는 기간요원이 아니어서 비교적
일찍 재택근무에 들어갔다. 정해진 업무를 정해진 시간에 끝내
면 되었기에 거의 문제가 없었다. 코로나19 사태 이전에도 집에

서 일할 때가 드물지 않았다. 어쩔 수 없는 주말 근무는 집에서 하는 것이 일반적이었다.

코로나19는 사회 전반에 재택근무를 다시 생각해보는 계기를 제공했다. 다수 직원이 집에서 일해도 별 문제가 없다는 점을 확인한 기업에선 적잖은 변화가 있을 것이다. 직장인들에게도 회사 건물을 벗어난 근무의 방법과 지혜를 배우는 기회가 된다.

퇴직이 가시권에 든 P 부장 같은 중장년에겐 더욱 그렇다. 오래지 않아 생활의 '주전장'이 직장에서 집으로 바뀔 것이기 때문이다. 평일에도 집에 머무는 것에 익숙해져야 한다. 재택근무는 회사에 나가지 않는 하루를 짜임새 있게 보내는 노하우를 기르는 선행학습 시간으로 활용 가능하다.

장소가 집일 뿐, 해야 할 일은 똑같은 게 재택근무다. 무한정 게으름을 피우거나 대책 없이 널브러져 있을 수도 없다. 회사처럼 일과 휴식 시간이 또렷이 구분되지는 않지만, 요구되는 시간을 일에 투입해야 한다. 알아서 시간을 나누고 더 유연하게 일하는 자생력이 요구된다. 그렇지 않으면 회사 업무와 집안일 양쪽에 치여 더 피곤해질 수 있다.

집에서도 필요한 것을 해내는 경험과 노하우는 퇴직을 맞이하는 우려를 훨씬 가볍게 해준다. 우선 아침에 갈 곳이 없다는 암담함이 크게 줄어든다. 소속감이 있는 재택근무 때와는 다르겠지만 출근하지 않는 상황에 어느 정도 익숙해졌다는 사실은 변함없다. 집에만 머무는 게 견디기 힘들 만큼 부담스럽지 않은 것이다.

시간 관리의 막막함도 덜해진다. 재택근무를 하며 회사 업무, 집안일, 휴식 등에 스스로 시간 배분을 하는 연습을 계속하기 때문이다. 아주 단순하게 말해, 회사 업무를 하던 시간만 다른 데 쏟으면 퇴직 전과 별반 차이가 없다. 직장과 집의 성격이 섞인 재택근무가 퇴직에 따른 생활 패턴 변화의 충격을 완화해 주는 완충재 구실을 하는 셈이다.

코로나19 사태로 권장되는 '자가 격리'나 '사회적 거리두기' 또한 퇴직을 앞둔 이에겐 별 부담이 없다. 이들에겐 직장과 직함을 매개로 맺어온 관계가 곧 사라지고, 만남의 횟수와 강도가 크게 줄어든다. 미리 적응 훈련을 해, 나쁠 게 없다. P 부장은 이번 기회에 기존 관계를 되돌아볼 생각이다. 그가 이따금 하던 페이스북 글쓰기를 잠정 중단한 것도 같은 맥락이다. 대면 접촉 대신 디지털 대화를 늘릴 수도 있겠지만 '좋아요'나 서로 눌러주는 '데면데면한' 관계라면 미련을 가지지 않아도 된다.

이런 관점을 확장하면 직장생활과 퇴직 이후의 '점이지대'를 만들어볼 수도 있다. 지리 용어인 점이지대는 완충작용을 하는 변화의 경계 또는 중간지대를 말한다. 활동 중심이 회사에서 집으로 바뀌는 과도기에 알맞은 업무 또는 생활 형태라는 뜻을 담았다.

    P 부장은 재택근무는 물론, 주말과 휴가도 퇴직 이후로 가는 징검다리로 생각해왔다. 통상 주말이란 일하느라 쌓인 피로를 풀고 지친 몸과 마음을 재충전하는 때다. 그런 주말이 P 부장에겐 '퇴직 뒤 생활'을 연습하는 날에 해당한다. 직장을 다니면서 주말이면 농장으로 달려가는 도시농부도 비슷한 사례다.

    자신이 구상하는, 정년퇴직 이후 일정표에 맞춰 주말을 보낸다. 다시 말해 그는 일주일 가운데 닷새는 직장생활, 이틀은 퇴직 뒤 생활을 하는 셈이다. 퇴직 이전에도 직장 없는 생활이 30퍼센트 정도를 차지하고, 이후에는 그 비중이 100퍼센트로 늘어나는 것이다.

    이런 얘기가 조삼모사 같은 말장난으로 비칠지도 모른다. 하지만 어떤 마음가짐을 갖느냐에 따라 노후는 천양지차가 될 수 있다. 출근의 사라짐에 전전긍긍하는 것과 이미 익숙해 자연스러운 것은 전혀 다르다. 늘 해오던 것의 상실로 도무지 어떻게 해야 할지 모르는 데서 오는 충격은 당연히 줄어든다.

    P 부장은 주말과 휴가에 퇴직 뒤 생활을 위한 다양한 실험을 한다. 하루를 어떻게 설계하고, 어떤 활동에 어느 정도 시간을 쏟는 게 자신에게 맞는지를 가늠하기 위해서다. 운동, 등산, 독서, 영화·드라마 관람, 집안일, 친구·친척 만나기 등 여러 가지가 포함된다. 거기에 드는 비용도 따져본다.

그에겐 명절과 경축일, 정기휴가 외에 25일에 이르는 연차
휴가가 있다. 퇴직 뒤 생활의 비중을 더 늘려주는 좋은 재료다.
업무에 지장이 없는 범위에서 법정공휴일이 포함되지 않은 주
에 연차를 하루씩 나눠 써볼 수 있다. 그러면 1년(52주)의 절반
이상 '주 4일 근무'가 가능하다. 퇴직 뒤 생활을 사흘 동안 연습
하는 주가 그만큼 늘어나는 것이다. 되도록 수요일에 휴가를 배
치하면 '일(2)-휴식(1)-일(2)-휴식(2)' 주기가 생긴다. 일과 휴식
의 균형이 좀더 잘 잡힌, 퇴직자 친화적 생활 리듬이다.

대다수 퇴직자는 앞으로도 계속 일할 수 있기를 바란다. 그
렇다고 일주일에 5일을 꽉 채워 근무하기를 원하는 사람은 많지
않다. 먹고살기가 너무 급한 사람은 예외다. 각종 조사 결과를
보면, 대체로 사흘 근무가 적절한 것으로 여겨진다. P 부장의 생
각도 비슷하다. 월·수·금 격일 또는 월~수로 일했으면 한다.

회사에 나가지 않는 날은 퇴직 이후로 가는 점진적 이행기
가 될 수 있다. 퇴직했다고 생각하고 알찬 하루를 보내는 방법을
생각해보라. 거의 실전에 가까운 적응훈련이다. 퇴직 전, 아직
마음의 여유가 있을 때 시행착오를 겪다 보면 자연스럽게 노하
우가 생긴다. 차가운 바깥바람과의 접촉면을 조금씩 늘려가면서
스스로를 단련시키는 것이 퇴직 훈련이자, '준비된 퇴직'의 첫걸
음이라고 할 수 있다.

정년과 세대 공생

★

**정년 이후에도 계속 일을 하려면, 일할 사람은 필요하지만
젊은이가 꺼리는 틈새 일자리를 찾는 것이 지름길이다. 이런
일자리를 늘리고 그 질을 높이도록 하는 지원은 투입 대비 효과가
크다. 사회와 나이 든 사람의 '윈-윈'이다.**

2019년 '주 52시간 노동제 도입'을 앞두고 전국의 버스가
운행을 멈출 뻔했다. 다행히 버스 파업 직전에 노사 협상이 타결
됐다. 새 제도에 따른 기사의 임금 하락을 어떻게 보전할 것인지
가 가장 큰 쟁점이었다. 그런데 노사 합의안에 눈길을 끄는 대목
이 있었다. 버스 기사의 정년 연장이다. 시도마다 방식에는 조금
씩 차이가 있지만 정년을 63세로 늘리는 내용이 포함됐다.

이 대목에선 노·사·정의 갈등을 찾아볼 수 없었다. 52시간

노동제로 크게 늘어난 기사의 수요를 채우기 위한 현실적 대안이 정년 연장이라는 공감이 컸다. 버스 업체로서도 반대할 이유가 없었다. 정년 연장에 따른 인건비 증가 부담을 직접 지지 않아도 되기 때문이다. 대중교통 준공영제로 업체는 지자체로부터 적자를 보전받는다.

운수 업계는 만성적 인력난에 시달리는 업종이다. 청년 실업으로 온 사회가 몸살을 앓고 있지만 젊은 버스 기사는 드물다. 임금 수준과 노동조건이 열악한 탓이다. 그래서 정년 이후에도 촉탁의 형태로 계속 버스를 모는 기사들이 이전부터 적지 않았다. 정년 연장은 촉탁직으로 바뀌어 발생할 수 있는 불이익을 막는 효과가 있다.

버스 업계의 이런 움직임은 고령화 사회가 나아갈 길을 잘 보여준다. 인력이 부족한 분야에선 나이 든 사람이 일을 계속할 수밖에 없는 것이다. 인력난을 우려한 정부가 2022년부터 정년 퇴직자의 재고용 등 계속고용을 위한 방안을 본격 논의하기로 한 것도 같은 맥락이다.

중장년 직장인에게 정년은 매우 중요한 관심사다. 정년 60세 제도가 2016년 시행되면서 한국 베이비붐세대의 대표 격인 '58년생 개띠'부터 적잖은 혜택을 봤다. 임금피크로 급여가 깎이긴 했지만 회사를 몇 년 더 다닌 것이다. 노후 소득의 관점에서 정년 1년 연장은 소득이 크게 줄어들 퇴직 이후의 2~3년치 수입에 해당한다.

정년은 일할 권리의 보장인 동시에 합법적 제한을 뜻한다. 고령화 추세에 비춰 현재 60세로 돼 있는 정년의 연장 논란은 언제든 제기될 것이다. 하지만 제도적으로 연장하면 청년의 일자리를 빼앗는다는 비난을 살 수밖에 없다. 정부가 정년 연장이 아니라 계속고용이라는 표현을 쓰는 것도 그런 이유에서다. 대법원이 육체노동자의 노동 가능 연한을 65세로 판결했다고 해서 회사들이 비용이 많이 드는 정년 연장을 스스로 할 리도 없다.

정년 이후에도 계속 일을 하려면, 일할 사람은 필요하지만 젊은이가 꺼리는 틈새 일자리를 찾는 것이 지름길이다. 이런 일자리를 늘리고 그 질을 높이도록 하는 지원은 투입 대비 효과가 크다. 사회와 나이 든 사람의 '윈-윈'이다. 이런 측면에서 버스 업계의 정년 연장이 갖는 의미가 작지 않다.

P 부장이 염두에 두는 돌봄 노동도 대표적 틈새 일자리다. 나이 든 사람이 나이 든 사람을 돌보면 사회적 부담이 훨씬 줄어든다. 그런데 요양서비스 수가가 낮아 요양보호사의 처우가 형편없다. 요양원에선 법규를 어기고 사람을 적게 쓰니 요양보호사들이 병원 신세를 질 지경이다. 국고 지원 확대를 통한 수가 인상과 재가·요양기관 감독 강화, 국공립 시설 확충을 통해 일자리 창출과 함께 복지의 질 향상 효과를 거둘 수 있다. 일시적

인 노인 일자리를 만드는 데 예산을 쏟는 것보다 더 바람직하다.

우리보다 고령화가 진전된 일본에서는 70세 정년 시대로 가고 있다. 2020년 법 개정으로 일본 기업은 현재 65세인 노동자의 정년을 70세로 늘리거나 재고용, 다른 기업으로의 재취업, 창업 등을 지원해야 한다. 그 배경은 유례없는 인력난이다.

P 부장이 20년 전 처음 일본에 머물 당시에도 70대 일본인 지인은 정년까지 다닌 회사에서 계속 일하고 있었다. 지금은 고령화에 따른 숙련 인력 부족이 그때보다 훨씬 심각해져 70세까지 고용을 의무화하는 것이다. 금융, 건설, 철강 등의 업계에서는 이미 자체적으로 정년을 늘리고 있다.

한국도 일본만큼은 아니겠지만 비슷한 경로를 밟아나갈 가능성이 있다. 명예퇴직, 희망퇴직 등 갖가지 이름을 붙여 나이 든 사람을 밀어내는 기업들이 자발적 정년 연장으로 돌아서는 것도 그리 먼 미래의 일이 아닐 듯하다. 주요 선진국 가운데 한국보다 정년이 이른 나라는 없다. 북유럽은 60대 후반으로 늦췄고, 미국과 영국에선 법정 정년이 폐지된 지 오래다. 프랑스는 엄청난 진통 끝에 현재 62세인 정년을 2030년까지 64세로 연장하는 합의안을 마련했다.

정년과 맞물린 주요 문제가 연금 지급이다. 선진국 대부분에선 정년이 곧 연금 지급이 시작되는 시기다. 소득 공백을 없앤 것이다. 사실 정년을 맞아 주된 수입이 사라졌는데 공적 연금을 주지 않는 것은 각자도생하라는 뜻이나 다름없다. 국가 차원의 가장 중요한 노후 대책인 공적 연금의 취지에 맞지 않다. 더욱이 우리 사회에선 법정 정년을 채우지 못한 채 직장에서 밀려난 5060이 넘쳐난다.

정년과 연금 지급의 불일치가 해소돼야 중장년의 노후 불안이 획기적으로 줄어든다. 세계적 추세에 비춰 정년을 단계적으로 늘려 연금 지급 시기에 맞추는 것이 자연스럽다. 일하는 6070이 늘어난다면 고령화의 사회적 부담은 그만큼 줄어든다. 세금을 내는 사람이 많으니 자녀 세대의 노인 부양 부담이나 국민연금 고갈·파산을 둘러싼 논란도 수그러들 것이다. 물론 여기에는 그에 따른 기업의 부담을 낮추는 제도적 보완책도 필요하다.

나이 든 사람의 수와 일하는 고령자의 수가 늘어나면 노인 복지의 수준을 낮추려는 유혹을 받기 마련이다. 2020년 초 주관 부처인 보건복지부 장관이 '노인의 기준'이 되는 나이를 65세에서 70세로 단계적으로 올리는 논의를 본격화해야 한다고 주장한 게 단적인 사례다. 가장 돈이 많이 들어가는 기초연금을 비롯해 대다수 '경로우대' 혜택의 기준은 65세에 맞춰져 있다. 이런 논란에 빠짐없이 등장하는 지하철 무임 승차도 마찬가지다.

그러나 노인 복지는 경제적 관점에서도 투입 대비 효과가 크다. 약간의 지원으로 더 큰 사회적 비용을 줄일 수 있다. 나이

든 사람에게 주는 지하철 표가 병원 치료비와 약값으로 새는 건강보험 재정을 튼실하게 한다. 스스로 생존할 수 있도록 돕는 기초연금이 생의 막다른 골목에 몰려 그 몇 배의 치료비를 쓰는 불행을 막는다. 그것이 자녀 세대의 부담을 덜어주는 길이다. 나이든 사람이 좀더 일할 수 있는 여건을 만드는 소소한 지원책의 중요성은 더 말할 필요도 없다.

3부

돈

—

채움보다는
비움

노후 생활비 계산법

✳

건강보험료는 예상 밖의 큰 지출이 될 수 있다. 직장을 그만두면 건강보험 직장가입자에서 지역가입자로 바뀐다. 예전과 달리, 퇴직 뒤 소득이 없어도 재산이 많으면 보험료가 꽤 나온다. 이자나 배당 수입, 주택을 비롯한 부동산, 자동차 등을 점수화한 뒤 합산 점수를 기준으로 보험료를 매기기 때문이다.

재테크라는 말이 한창 유행한 시절이 있었다. 1998년 국제통화기금(IMF) 구제금융사태 이후 '부자 되세요'라는 광고 문구가 화두가 되고, 재산 불리기 열풍이 불던 때였다. 요즘도 부동산·주식·비트코인 광풍이 몰아치긴 하지만, 재무설계라는 말이 훨씬 많이 쓰인다. 돈을 버는 노하우보다는 자신의 재무목표에 맞게 벌이와 씀씀이를 계획적으로 설계·관리한다는 의미가 짙은 표현이다. 재무설계는 정년퇴직 등으로 주된 소득원이 사라진 뒤에 그 중요성을 더한다.

노후 재무설계의 핵심은 지속 가능성이다. 삶을 마감할 때까지 돈에 허덕대지 않는 것이다. 기본은 돈이 들어오고 나가는 흐름의 조절이다. 노후에는 수입을 늘리는 게 힘드니 지출의 통제와 관리가 우선될 수밖에 없다. 생활비, 의료비, 자녀 결혼 비용 등 여러 지출 항목을 고려해 퇴직 전보다 훨씬 꼼꼼하게 자금 관리를 해야 한다.

일상적으로 지출하는 생활비 계산이 재무설계의 시작이다. 국민연금연구원을 비롯해 여러 기관에서 노후 생활비 예상치를 내놓고 있다. 주로 중장년 가구를 대상으로 벌인 설문조사에 기초한 수치다. 기대하는 생활의 수준이나 생활비에 포함하는 항목 등에 따라 예상치는 달라진다. 그동안 누려온 생활과 교육수준, 사는 지역 등 여러 요소들이 반영된 주관적 답변의 평균치여서 큰 의미가 있는 것은 아니다.

바라는 생활수준에 따라 최저생활비, 적정(필요)생활비, 여유생활비로 나눈다. 의식주 등 최소한의 생존에 드는 비용이 최저생활비다. 국민연금연구원의 2019년 조사에서 월 최저생활비는 부부 195만 원, 1인 117만 원으로 나타났다. 특별한 병이 없는 건강한 노년을 가정했다. 중대 질병에 따르는 의료비, 간병비 등은 별도다. 보통 수준의 생활에 필요한 적정생활비는 부부

268만 원, 1인 164만 원으로 조사됐다. 여유생활비는 노후의 사치로 여겨지는 골프나 비싼 해외여행 등을 포함시켜 계산한 비용이다. 퇴직자들은 400만~500만 원 수준을 기대했다.

달마다 나가는 돈을 항목과 성격별로 대략 정리해보면 자신에게 맞는 노후 생활비를 가늠할 수 있다. 우선 기초생계비다. 주거 생활비, 식비(외식비), 교통비, 통신비를 말한다. 중장년 대다수가 자가 또는 전세로 살기 때문에 월세는 일단 제외하고 보자.

아파트 거주자에겐 난방비를 포함한 관리비와 공과금이 월평균 30만 원 정도 나온다. 식료품과 생필품 지출이 좀더 덩치 큰 항목이다. 요즘은 집밖에서 끼니를 해결할 때가 잦아 외식비도 많이 드는 편이다. 교통비와 통신비 지출까지 포함하면 100만 원은 훌쩍 넘어간다. 자녀가 독립한 뒤 줄어들 여지는 있다. 다른 고정 지출로는 부부 각자의 용돈과 만기까지 내야 하는 각종 보험료, 대출이자 등이 있다.

여행을 포함해 취미·기호와 관련된 비용은 비정기 지출에 해당한다. 1년 단위로 나오는 재산세와 자동차세 등 세금과 자동차보험료, 휴가비는 연간 지출이다. 갑작스러운 사고나 질병 등에 대비한 비상금은 별도 항목으로 잡는다. 이렇게 분류해놓고 나면, 퇴직 이후 자신의 수입과 자산에 맞춰 어느 항목에 어떻게 손을 대야 할지 윤곽이 잡힌다.

특히 신경 쓰이는 비정기 지출이 경조사비다. 체면과 관계를 중시하는 중장년 남성 퇴직자에겐 청첩장과 부고만큼 큰 두통거리도 없다. 눈 딱 감고 어지간해서는 '주지도 받지도' 않는 쪽을 택하는 것이 노후 가계 부실을 줄이는 방법이다. P 부장은 자신부터 그 고리를 하나씩 끊어나가려 한다. 우선 노모가 세상을 떠나더라도 다른 사람들에게 알리지 않을 작정이다.

아직 퇴직 전이지만, 부조 대상을 가까운 지인 직계의 장례와 결혼으로 제한한다. 부조·축의금은 되도록 5만 원을 넘기지 않는다. 코로나19 사태로 식장에 직접 가기 어려워지면서, 마음만 받겠다고 고지하는 지인이 크게 늘었다. 앞으로 가족 장례와 결혼이 확산되면 노후의 경조사비 부담이 좀 가벼워질 것이다.

건강보험료는 예상 밖의 큰 지출이 될 수 있다. 직장을 그만두면 건강보험 직장가입자에서 지역가입자로 바뀐다. 예전과 달리, 퇴직 뒤 소득이 없어도 재산이 많으면 보험료가 꽤 나온다. 이자나 배당 수입, 주택을 비롯한 부동산, 자동차 등을 점수화한 뒤 합산 점수를 기준으로 보험료를 매기기 때문이다.

또 직장을 다닐 때는 사업주가 보험료의 절반을 분담하지만, 지역가입자가 되면 자신이 모두 내야 한다. 웬만한 중산층 퇴직자의 건강보험료는 재직 때보다 많아, 2배가 넘는 사례도 적지 않다. 강남 부유층 사이에서 '건보료 폭탄'이라는 아우성이 나오는 이유다. 2020년 건강보험공단 국정감사 자료를 보면, 직장에서 지역가입자로 바뀐 151만여 명 가운데 약 61만 명의 보험료가 올랐다. 늘어난 연간 보험료는 평균 20만 원이다.

예전에는 직장을 다니는 자녀나 사위·며느리의 피부양자로 '무임승차'하는 게 매우 쉬웠다. 지금은 '재산 조건'이 엄격해졌다. 연소득이 2천만 원 이하이고 보유 재산의 과세표준액이 5억 4천만 원을 넘지 않거나, 과세표준액 9억 원 이하이면서 연소득이 1천만 원을 넘지 않아야 피부양자 등록이 가능하다.

과세표준액은 부동산 시세가 아니라 공시가격을 기준으로 산정한다. 그런데 아파트값 폭등에 따른 후속 조치로 시세의 70퍼센트에 크게 못 미치던 아파트 공시가격을 많이 올렸다. 여기에 2020년부터는 연간 2천만 원 이하의 임대·금융소득에도 건강보험료가 부과돼 납부 대상자와 부담이 늘어났다. 이 때문에 보험료를 낮추려고 '위장 취업'을 하다 적발되는 사례가 끊이지 않는다. 가족, 친척, 지인의 회사에 저임금 직원으로 등록하거나, 서류상 회사(유령회사)를 차려 직장가입자가 되는 방법 등이 대표적이다.

이런 탈법에 기대지 않고도 건강보험료를 줄이는 길이 있다. 퇴직자의 보험료 부담을 일시적으로 낮춰주는 장치가 '임의계속가입자제도'다. 지역보험료가 더 많을 때는 최장 36개월 동안 기존 직장보험료 수준으로 내도 된다. 여러 직장을 다녔더라도 1년 이상 직장가입자 자격을 유지했다면 적용 대상이다. 처음 받은 지역보험료 고지서의 납부기한으로부터 2개월 안에 건강보험관리공단에 신청하면 된다.

사회적 기업과 같이 적은 임금 대신 큰 보람을 주는 일자리를 구하는 것도 좋은 방법이다. 소득이 적은 직장가입자 신분이므로 부과되는 건강보험료가 많지 않다. 거기서 퇴직한 뒤에도 3년 동안 같은 수준의 보험료를 내면 된다.

이밖에 종신·생명보험 등의 보험료도 노후에는 만만치 않은 부담이다. 실제로 가계가 어려워질 때 첫 번째로 손을 대는 것이 보험이다. 통계를 보면, 비상 상황인 코로나19 사태 이전에도 보험 해약은 꾸준히 늘고 있었다. 이미 보험에 가입했다면 해약에 신중할 필요가 있다. 보험사가 가입 초기에 사업비를 많이 떼어 가기 때문에 큰 손실을 입기 쉽다.

실손의료(의료실비)보험은 제도 변경이 잦아 유의해야 한다. 2021년 7월부터는 보험료 차등제가 적용된다. 건강보험 비급여 진료비를 많이 쓴 가입자의 보험료가 최대 300퍼센트까지 늘어난다. 꼭 필요하지 않은 의료 행위는 삼가야 한다는 뜻이다.

치매보험은 경증치매도 보장 대상에 포함하면서 가입자가 크게 늘었다. 2020년에는 해지 때 한 푼도 돌려주지 않는 대신에 보험료가 20~30퍼센트 싼 무해지환급형이 인기몰이를 했다.

계약 조건이 다양해진 만큼 더 꼼꼼하게 따져보는 게 좋다.

국가치매책임제 시행에 따라 치매는 건강보험과 요양보험 체계에 완전히 들어왔다. 본인이 부담할 진단검사 비용이 크게 줄었고, 경증치매도 요양보험의 적용을 받는다. 중증치매 때는 치료비의 10퍼센트만 부담하면 된다. P 부장 부부와 양가 노부모는 공적 보험의 틀 안에서 치매와 큰 병에 걸리지 않도록 애쓰려 한다. 돈보다 삶의 질을 위해.

퇴직자를 위한 가계부

★

**돈을 언제, 어디서, 얼마나 썼다는 사실 자체는 큰 의미가 없다.
지출되는 돈의 성격을 분류하고, 그 종류에 따라 우선순위를
정하는 과정이 따라야 한다. 자신이 정한 우선순위에 따라 지출을
한다면 순위가 낮은 지출을 줄일 수 있는 여지가 생긴다.**

  적절한 소비를 위한 최선의 방법은 가계부 쓰기다. '알뜰 주부'의 상징이던 가계부를 날마다 쓰는 것은 너무 성가신 일이었다. 일일이 기록하는 것이 귀찮을뿐더러 '짠돌이'로 보이는 것도 싫은 일이었다. 그러나 요즘은 스마트폰의 무료 가계부 애플리케이션(앱)으로 기록에 따르는 불편이 크게 줄었다. 이들 앱에선 카드 사용 내역 등이 자동 입력되고, 통계 처리가 손쉬우며, 알아보기도 편하다. 퇴직 뒤에는 돈의 드나듦이 줄어들고 월 단위

의 개략적 지출 내역만 알면 충분하므로 가계부 쓰기가 별로 부담스럽지 않다.

어떤 형식으로든 가계부를 쓰면 의식하지 못한 채 모래알처럼 새나가는 돈을 줄이는 즉각적 효과가 생긴다. 사실 보통 사람은 시간이 조금만 지나도 돈을 어디에다 썼는지 기억조차 하지 못한다. 카드 사용이나 계좌 입출금 내역을 꾸준히 들여다봐야 소비 흐름을 가늠해볼 수 있다.

가계부를 써야 하는 더 큰 이유는 소비 판단력을 기르는 데 있다. 돈을 어디다 쓸지, 아니 애초에 써야 하는지 말아야 하는지에 대한 합리적 판단 체계를 세우는 것이다. 가계부의 지출 내역이 그런 체계를 갖추는 기초 자료가 된다. 가계부 앱 '와이냅'을 개발한 미국 재무상담가 제시 메캄은《매달 무조건 돈이 남는 예산의 기술》에서 "많은 사람이 돈 문제로 고생하는 것은 의사결정 체계를 갖추지 못했기 때문"이라고 지적했다.

돈을 언제, 어디서, 얼마나 썼다는 사실 자체는 큰 의미가 없다. 지출되는 돈의 성격을 분류하고, 그 종류에 따라 우선순위를 정하는 과정이 따라야 한다. 자신이 정한 우선순위에 따라 지출을 한다면 순위가 낮은 지출을 줄일 수 있는 여지가 생긴다. 이는 돈의 흐름이나 소비 행태의 엄정한 분석과 지출의 합리화로 이어진다. 이를 통해 예산의 범위 안에서 소비를 억제하는 것이 가계부 작성의 제1 원칙이다.

지출항목에 어떻게 우선순위를 매길 것인가. P 부장은 재무설계 노하우를 담은 서적과 자료들을 통해 자신에게 맞는 간단한 기준을 마련했다. 첫 단계는 필요와 욕구의 구분이다. 꼭 해야 하는 것과 하고 싶은 것의 차이다. 아파트 관리비, 대출이자, 생필품 비용 같은 것이 필수지출에 해당한다. 우선순위에서 필요는 당연히 욕구에 앞선다.

필수지출에도 달마다 정해진 액수가 고지서에 찍혀 나오는 고정지출과 금액이 확정되지 않은 변동지출이 있다. 식품, 의복, 교통에 드는 비용은 필수지출이지만 선택에 따라 액수가 많이 달라진다. 재무설계사들은 모든 지출항목을 의심하고, 필수인 척 '위장한' 자신의 소비습관을 가려내라고 강조한다. 소비와 낭비를 잘 구분하고, 필수지출에도 군더더기가 없는지 살펴야 한다는 것이다.

P 부장이 이런 기준을 적용한 대표적 사례가 자가용 구입이다. 성인인 두 아들을 포함한 그의 4인 가족에게 자가용은 필수다. 그런데 그의 자동차는 외관이 꽤 낡은 2003년식 1500시시(cc) 승용차였다. 이 또한 가까운 사람에게서 넘겨받은 중고차였다. 가족들의 숱한 교체 요구에도 그는 이 차를 고수했다.

옵션을 포함해 3천만 원가량 드는 중형 신차로 갈아타지 않음으로써 찻값과 보험료 지출을 줄였다. 걸어서 출퇴근을 하고 자가용 쓸 일이 많지 않은 것도 그런 결정에 한몫했다. 물론 승차감과 안전성을 우선하는 사람이라면 선택이 달랐을 것이다. 가족들의 불만이 절정으로 치달을 무렵 가까운 친지가 외국 주재원으로 나가는 바람에 P 부장은 자연스레 그의 중형차를 인수하게 됐다. 결국 결혼 25년이 넘도록 한 번도 새 차를 구입하지 않은 것이다.

자동차와 같은 필수항목들 가운데서도 지출의 우선순위를 세분화하면 소비 판단력 향상에 도움이 된다. 메캄은 "가계부를 쓰는 것(우선순위를 정하는 것)은 운동을 통해 근육을 단련시키는 것과 같다"며 "할수록 실력이 늘고, 뭔가를 지출항목에서 제외할 때 마음을 무겁게 누르던 고민이 점차 가벼워진다"고 말했다.

지출하는 돈은 주로 물건과 맞교환된다. 수많은 홈쇼핑 채널과 인터넷쇼핑몰, 거의 매일 현관 앞에 놓이는 택배 물건은 '소비천국' 대한민국의 상징이다. 나이가 들고 수입이 줄어든다고 해서 소비 관념과 행태가 쉽사리 바뀌지는 않는다. 가장 위험한 것이 순간적으로 욕구가 자극받는 충동구매다. 특히 목돈인 퇴직금을 받으면 오래 쓴 살림살이를 왕창 갈고 싶은 유혹에 시달리게 된다.

케이블채널 하나 걸러 하나씩 있는 홈쇼핑의 현란한 마케팅은 당장 사지 않으면 난리라도 날 것처럼 시청자를 몰아붙인다. 마음에 들지 않을 땐 택배비를 물지 않고도 반품이 가능하도록 한 홈쇼핑의 '덫'에서 헤어나기 쉽지 않다. 어지간해서는 배달 온 물품을 여러 번 돌려보내지 못하는 게 사람 심리다. 비용은 한 달 남짓 지나 통장에서 빠져나가니 눈에 잘 보이지 않는다.

가계부를 들여다보면 한 달에 과연 몇 번이나 택배 물품이 배달됐는지 일목요연하게 알 수 있을 것이다. 꼭 필요한 것인지, 있으면 좋은 것인지, 그도 저도 아닌지 구분해보기를 권한다. 그런 과정을 되풀이하면 다음에는 무계획적 지출과 배달 횟수가 조금이나마 줄어든다.

일정한 소득이 있는 시기부터 점진적으로 충동구매의 디톡스(해독) 작업을 시작할 필요가 있다. 홈쇼핑 방송을 보면서 스트레스를 푸는 배우자와의 신경전은 불가피하다. 노후에는 얼마나 벌 수 있을지가 아니라 얼마나 덜 쓸지를 고민하는 게 훨씬 쉽다.

한 번에 들어가는 돈이 적어 쉽게 써버리는 돈을 '라테 머니'라고 한다. 카페라테 같은 음료 값을 하루 5천 원으로 가정하고, 한 달을 참으면 15만 원이 생긴다. 1년이면 180만 원, 10년이면 원금만 1800만 원이 모인다. 일본 재무상담가 요코야마 미스아키는 《부자는 아니어도 돈 걱정 없이 사는 법》에서 저축은 "엄청난 수익을 내기보다 흩어져 있는 작은 돈을 모아주는" 도구라고 말한다.

노후 재무설계 전문가의 한결같은 충고가 합리적 소비다. 가계부는 쓰는 게 좋고, 지출액 규모를 금방 알기 어려운 신용카

드보다 체크카드를 사용하는 게 낫다. 소비의 그물망을 단단히
죄어 꼭 필요하지 않은 지출을 줄이는 것이 노후 불안을 더는 지
혜다.

　P 부장은 스스로를 '저소비형' 인간으로 규정한다. 생활에
필수적인 것을 제외한 소비에는 그다지 흥미가 없다. 여행과 취
미 등 체험에는 돈을 아끼지 않지만, 물건이 주는 만족도나 효
용성은 별로 못 느낀다. 여느 남성처럼 백화점이나 마트 나들이
가 피곤하고, 종일 쏟아져 나오는 홈쇼핑 방송에 스트레스를 받
는다.

　P 부장이 즐기는 것은 '1만 원의 행복'이다. 돈벌이와 무관
하게 지낼 땐 하루 1만 원으로 사는 것이 그의 작은 목표다. 교
통비와 점심값이면 하루를 한가로이 보낼 수 있다는 생각이다.
여기에 취미 활동이나 친구들과의 만남 등 '소소한 사치'를 추
가한다면 크게 바랄 게 없다. 넘치는 시간을 길, 산, 도서관 등
돈이 없어도 갈 수 있는 곳에서 보낼 준비가 돼 있다. 이런 생활
방식이라면 월 140만 원 안팎인 그의 국민연금만으로 생활비 고
민은 해결된다.

　많은 돈이 행복을 가져다주지 않는다는 건 누구나 안다. 일
정 수준을 넘으면 소득과 행복의 상관계수가 0에 가까워진다는
이론도 있다. 노벨경제학상 수상자 대니얼 카너먼 등은 그 액수

가 가계소득 7만 5천 달러(2010년 미국 기준)라고 말했다. 2020년으로 환산하면 8만 8500달러(약 1억 1천만 원)다.

그러나 젊을 때는 돈과 물건의 유혹에서 벗어나기 힘들다. 더 크고 좋은 집, 더 편안한 생활을 찾기 마련인 것이다. 주변과의 비교는 그런 욕망을 더욱 자극한다. 결혼, 육아, 자녀교육, 내집 마련 등 삶의 단계마다 수시로 다른 사람의 눈을 의식한다. 그래서 내가 원하는 삶을 사는 것인지, 다른 사람의 눈에 비치는 삶을 사는 것인지 헷갈릴 때도 많다.

P 부장은 케이블방송 프로그램 〈신박한 정리〉를 가끔 시청한다. 방송이 효과를 극대화했겠지만 볼 때마다 감탄사가 흘러나온다. 집에 잔뜩 들어 있는 물건들을 제대로 정리만 해도 생활 공간이 그렇게 늘어날 수 있다는 게 신기할 정도다. 프로그램에서 매회 되풀이해 강조하는 말이 비움이다. '정리의 시작은 비우기'라는 것이다. 집이든, 삶이든 비우면 풍요로워질 수 있다는 사실을 눈이 휘둥그레지도록 확실하게 보여준다.

비움을 더 발전시키면 최소주의 생활(미니멀 라이프)이 된다. P 부장은 정년퇴직 이후 낮은 수준에서나마 최소주의 생활을 실천에 옮겨볼 생각이다. 가진 게 줄어드는 걸 새로운 삶을 살 수 있는 기회로 삼는 것이다. 물건과 거리를 두고 소비에서 즐거움을 찾으려 하지 않으면 내면의 행복에 더 눈을 돌리게 된다. 최소주의 생활을 권장하는 사람들이 늘 하는 얘기다.

모자라면 모자란 대로 살아가는 게 꼭 나쁜 것이 아니며, 불편하고 거친 것이 노후에는 도움이 된다. 기사 딸린 자가용이 없는 것이 한 발짝이라도 더 걷게 만든다. 제 손으로 뭔가를 차려 먹고 집안일을 하는 것이 건강장수에 도움이 된다. 거친 음식이 흔한 당뇨와 혈관 막힘의 위험을 줄인다.

돈으로 교환되지 않는 생활의 비중을 늘리는 것은 돈에 발목 잡히지 않는 길이다. 단지 짠돌이처럼 돈을 쓰지 않는 것과 스스로 선택하는 자발적 가난은 다른 차원이다. 의미 있는 지출은 아끼지 않더라도 단순한 욕망의 충족은 자제하는 삶이다.

P 부장은 이런 자발적 가난을 꿈꾼다. 그동안 그는 자산을 늘리고 돈을 덜 써 노후의 재무 리스크를 줄이는 데 주력해왔다. 안전장치가 어느 정도 확보된 만큼 퇴직 뒤에는 되도록 돈으로 거래되는 것과 거리를 둘 생각이다. 그러면 자연스럽게 가진 것과 쓰는 것의 상관관계가 줄어든다.

사실 노후야말로 가진 만큼이 아니라 필요한 만큼 쓰는 게 자연스러운 시기다. 한 발 더 나가 자녀에게 물려주는 데 집착하지 않으면 다른 사람에게 베풀기도 쉬워진다. 각자도생의 천박한 자본주의 대신 더불어 사는 인간적 사회주의가 싹틀 수도 있는 때가 노후다.

연금에서 길을 찾다

★

노후에는 다달이 나오는 국민연금의 범위에서 사는 게 가장
바람직하다. 맞벌이여서 부부가 각각 100만 원이 넘는
국민연금을 받는다면 그것만으로 적정 수준의 노후 생활이
가능하다. 5060의 다수인 홑벌이 가정 등은 그렇지 못하다.
'3층 연금'이 필요한 이유다.

노후에 가장 믿을 만한 것은 연금이다. 자식은 대학 졸업 이
후에도 부모의 등골을 빼먹지 않으면 그나마 다행이다. 노후 대
비 실태 조사를 보면, 절대 다수의 응답자가 국민연금을 첫 번째
대책으로 꼽는다. 살고 있는 집과 국민연금 이외에 부동산이나
많은 금융 자산을 갖고 있는 부유층은 소수다. 노후를 위해 떼어
놓을 수밖에 없는 강제 연금이 아니고서는 돈을 모으기 쉽지 않

을 만큼 빠듯하게 살아왔기 때문이다.

노후에는 다달이 나오는 국민연금의 범위에서 사는 게 가장 바람직하다. 맞벌이여서 부부가 각각 100만 원이 넘는 국민연금을 받는다면 그것만으로 적정 수준의 노후 생활이 가능하다. 5060의 다수인 홑벌이 가정 등은 그렇지 못하다. 노후자금 마련을 위한 최우선 과제로 '3층 연금'을 얘기하는 이유다.

세계은행은 1994년 '노년 위기의 모면' 보고서를 통해, 공적 연금을 보완하기 위한 중층 연금 체계를 제시했다. 공적 연금인 국민연금을 기본(1층)으로 하고, 부족한 자금을 기업이 운영하는 반강제적 연금인 퇴직연금(2층)과 개인이 임의로 가입한 개인연금(3층)으로 채우는 것이다. 전문가들은 노후 필요 자금의 70~80퍼센트를 연금으로 충당하도록 권한다. 적절한 비율은 국민연금 30~40퍼센트, 퇴직연금 20~30퍼센트, 개인연금 10~20퍼센트다.

제도 도입 30년이 지난 한국의 국민연금은 가입자에게 가장 유리한 연금이다. 적극 활용하는 게 좋다. 퇴직연금은 좀 복잡하다. 예전에는 퇴직금으로 일원화돼 있었다. 근로소득이 사라지는 퇴직자 보호를 위해 기업이 적립했다가 퇴직 때 지급하도록 법으로 규정한 돈이다.

그런데 한꺼번에 지급되는 목돈인 퇴직금은 노후 보장이라는 취지와 다르게 사용될 때가 잦다. 자녀 결혼 자금 등으로 용도변경되기도 하고, 자영업 밑천으로 들어가거나 사기당해 홀라당 까먹는 일도 심심찮다. 영세한 기업들이 퇴직금을 제대로 지급하지 않는 문제도 끊이지 않았다. 그 대책으로 2005년에 도입한 것이 퇴직연금제도다. 퇴직 때 받을 퇴직금의 일부 또는 전부를 금융기관에 맡겨 운용하는 것이다. 어느 정도를 퇴직연금으로 운용할지는 회사가 사정에 맞게 결정한다.

퇴직연금은 크게 확정급여(DB)형과 확정기여(DC)형으로 나뉜다. 전자는 회사가 운용 책임을 지기 때문에 퇴직자는 운용 결과에 상관없이 정해진 퇴직금을 받는다. 기존과 같이 퇴직 전 3개월 통상임금에 근무연수를 곱한 액수다. 후자는 개인이 책임을 지기 때문에 운용 실적에 따라 받는 돈에 큰 차이가 생길 수 있다.

퇴직연금의 적립 규모는 꾸준히 늘어 2018년 말 190조 원에 이른다. 하지만 퇴직연금 평균 수익률이 정기예금의 이자율보다도 낮아 거의 관심을 끌지 못한다. 적립금의 90퍼센트 이상이 원리금보장 상품에 들어 있고, 실적배당 상품으로 운용된 자금은 2019년 마이너스 수익률을 기록했다. P 부장처럼 퇴직이 얼마 남지 않은 중장년은 사실 이런 얘기에 그리 신경 쓸 필요가 없다. 퇴직연금 운용 비율이 아주 낮고, 운용 방식도 확정급여형이 대부분이어서 퇴직금 액수에 거의 영향이 없기 때문이다.

퇴직금은 일시금보다 연금으로 지급받는 것이 낫다. 한꺼번에 까먹을 우려가 없고 세금 혜택도 따른다. 퇴직금을 연금으로 받으면 퇴직소득세 대신 70퍼센트 수준인 연금소득세로 세금이 줄어든다. 퇴직소득세 계산은 복잡하므로 퇴직 때 세금 감면 정도를 먼저 확인하는 게 좋다.

퇴직금을 연금으로 받으려면 계좌가 필요하다. 금융기관의 IRP(개인형 퇴직연금)에 가입해야 한다. 퇴직금을 이 계좌에 옮긴 뒤 다달이 연금을 받는 것이다. 일시금을 받았다고 하더라도 60일 안에 IRP에 넣으면 세금 혜택을 누릴 수 있다.

재직 중에 IRP에 가입하면 세액공제 혜택이 따른다. IRP와 개인연금저축계좌를 합쳐 연간 900만 원까지는 세금을 물지 않는다. 연말정산 때 근로소득 5500만 원 이하면 148만 5천 원(16.5퍼센트), 넘으면 118만 8천 원(13.2퍼센트)까지 돌려받을 수 있다. 대신에 퇴직 뒤 연금을 받을 때 세율이 훨씬 낮은 3.3~5.5퍼센트의 연금소득세를 내면 된다.

IRP는 금융상품이어서 운용 실적에 따라 수익률이 다르다. 해마다 금융기관의 운용 수수료도 공제한다. 세액공제 혜택을 빼면 그다지 매력이 없는 셈이다. IRP의 다른 함정은 중도해지다. IRP는 퇴직 때까지 보유해야 한다. 돈이 급해 도중에 해약하면 16.5퍼센트의 기타소득세를 물어야 한다. 퇴직 뒤에도 연금이 아닌 일시금으로 받는다면 중도해지에 해당돼 같은 세금이 부과된다.

　세 번째 보장수단인 개인연금은 널리 알려져 있다. 연말이
되면 금융기관에서 세액공제의 달콤함을 앞세워 가입을 적극
권유한다. 연금저축 가입한도는 600만 원으로 늘었다. 운용 방
식에 따라 △원금을 보장받는 보험사의 연금저축보험 △높은
수익 또는 손실을 낼 수 있는 증권사의 연금저축펀드 △은행의
연금저축신탁(판매중지)으로 나뉜다.

　연금저축 또한 전반적으로 수익률이 나쁘다. IRP와 마찬가
지로 연말정산 때 세금을 공제받는 것이 가장 큰 혜택이다. 가입
5년이 지난 P 부장의 생명보험사 연금저축보험의 2020년 누적
수익률은 −1퍼센트대다. 이자 수익으로만 보면, 연 2퍼센트가
넘는 이자를 주는 적금보다도 형편없다.

　P 부장은 연금저축에 연간 240만 원(월 20만 원), IRP에 660
만 원을 납입해 세액공제를 최대한으로 받는다. 안전성을 우선
하는 그는 2018년 IRP 계좌를 만들면서 시중은행 정기예금으로
운용하는 상품을 선택했다. P 부장은 퇴직금도 일시금으로 찾지
않고 연금으로 받을 생각이다.

　다달이 나오는 생활비를 더 늘리기 위해 가지고 있는 목돈
을 연금으로 전환하는 것도 생각해볼 수 있다. 보험사 즉시연금
이다. 55세가 넘으면 바로 연금이 나온다. 그런데 연금 액수가

많지 않아 처음 낸 돈을 다 돌려받기가 쉽지 않다.

P 부장이 2020년 S생명보험사에 종신형으로 1억 원을 넣었다면 월 30만 원(연 360만 원) 정도 받는 것으로 나온다. 2퍼센트가 넘는 현재의 공시이율이 유지된다고 가정할 때 그렇다. 낸 돈의 이자를 포함하면 30년은 살아야 본전치기가 된다. 10~30년의 확정 기간 동안 받는 방식과 상속형도 별 차이가 없다. 1억 원을 정기예금에 넣고 조금씩 헐어 쓰는 방법에 비하면, 목돈에 손댈 수 없도록 묻어둔다는 것이 유일한 이점이라고 하겠다.

국민연금의 모든 것

★

이른바 86세대는 직장생활의 거의 대부분을 도입 30년이 넘은 국민연금과 함께했다. 국민연금제도를 온전하게 적용받는 셈이다. 50대 후반인 이들이 직장생활을 꾸준히 했다면 가입 기간은 30년이 넘는다. 이들이 받을 연금액은 소득 수준에 따라 다르겠지만 월 100만 원은 훨씬 웃돌 것이다.

국민연금은 노후의 가장 큰 버팀목이다. 내가 받게 될 연금 액수를 아는 수준을 넘어 국민연금에 대한 지식을 쌓으면 노후 재무설계에 확실히 도움이 된다. P 부장은 해마다 생일 무렵에 배달되는 국민연금 '가입내역 안내서'를 꼼꼼히 뜯어본다.

이 안내서만 잘 들여다봐도 궁금증을 많이 해소할 수 있다. 언제부터 얼마나 받을 수 있는지, 가입 시기와 낸 돈, 더 많이 받는 방법 등 정보가 풍성하다. 가끔 공단 홈페이지나 모바일 앱에서 '내 연금'으로 들어가 현황을 점검하고 추가 정보를 얻는다면 더 바람직하다.

1963년생인 P 부장은 만 63세인 2026년부터 국민연금을 받는다. 연금 수령 시기가 5년마다 1년씩 늦춰져 1969년생 이후는 만 65세부터다. P 부장의 예상 연금액은 월 140만 원 남짓(2020년 기준)이다. 60세까지 지금과 같은 수준으로 보험료를 계속 내는 것이 전제다. 실제 연금을 받는 2026년에는 대략 170만 원이 된다. 소득 증가와 물가 인상을 반영한 추정치다. 270만 원에 못 미치는 적정 노후 생활비(부부 기준)의 절반을 국민연금으로 충당할 수 있다. 충분치 않지만, 적잖은 위안이 되는 액수다.

P 부장은 동년배보다 조금 늦은 1990년 6월 국민연금에 가입했다. 군복무 기간을 포함해 그의 세대가 사회에 진출한 시점은 국민연금제도가 시행된 1988년 전후다. 그의 세대는 직장생활의 거의 대부분을 도입 30년이 넘은 국민연금과 함께했다. 국민연금제도를 온전하게 적용받는 셈이다. 50대 후반인 이들이 직장생활을 꾸준히 했다면 가입 기간은 30년이 넘는다. 이들이 받을 연금액은 소득 수준에 따라 다르겠지만 월 100만 원은 훨씬 웃돌 것이다.

그런데 언론에서 보도하는 평균 연금 수령액은 형편없다. 그 액수가 100만 원이 넘는 사람은 전체 수급자 500만 명 가운데 30만 명 정도다. 국민연금이 '용돈 연금'으로 평가절하되는 이유다. 이는 현재 연금을 받는 60대 이상의 연금 납부기간이 절대적으로 짧아 생긴 일종의 착시현상이다. 5060 가운데 '사오정'으로 대변되는 직장 조기퇴출자가 많아 연금 혜택을 제대로 받지 못하는 영향도 있다.

국민연금은 노후의 마지막 보루인 만큼 제도 개편이 언제나 거센 논란을 빚는다. 가뜩이나 적은 연금액이 더 줄어들거나 지급 시기가 늦춰지지 않을까 걱정되는 것도 사실이다. 하지만 지금 연금을 받고 있는 고령자는 물론 퇴직을 앞둔 중장년은 우려할 필요가 없다. 우선 연금지급액이 감소할 가능성은 거의 없다. 가장 최근인 2018년 개편 논의에서도 연금지급액 산정 기준인 소득대체율(소득 대비 연금 지급액의 비율)을 현행 제도보다 더 낮춘 방안은 나오지 않았다.

설령 제도가 바뀌어도 소급 적용되지 않는다. 이미 납부한 기간에 해당하는 연금액의 소득대체율은 기존 계산법에 따른다. 그 비율은 1998년까지 70퍼센트, 2007년까지 60퍼센트, 2008년까지 50퍼센트, 이후 2028년까지 해마다 0.5퍼센트포인트씩 줄어들고 있다. 이런 비율을 적용해 합산한 금액이 전체 연금지급액이다.

따라서 오랜 기간 보험료를 납부한 5060은 소득대체율이 더 떨어지더라도 영향이 거의 없다. 다만, 앞으로 내야 할 보험료가 조금 늘어날 가능성은 있다. 재직 중에 연금제도가 개편될지 모르지만, 현재 급여의 9퍼센트인 보험료가 11퍼센트로 오른다고 가정해보자. 사업주와 노동자가 절반인 5.5퍼센트씩을 부담하므로, 지금(4.5퍼센트)보다 1퍼센트포인트를 더 내게 된다. 월급이 400만 원이라면 보험료가 1퍼센트인 4만 원 오르는 것이다.

국민연금 혜택을 많이 누리는 길은 건강 장수다. 물론 의지로 되는 것은 아니다. 차선책은 연금수령액을 늘리는 방법이다. 오래 내고, 늦게 받는 것이다. 먼저 연금 연기가 있다. 최대 5년, 연금액 50~100퍼센트의 수령 연기를 신청할 수 있다. 전액인 100퍼센트를 연기하면, 그 대가로 한 달에 0.6퍼센트(1년 7.2퍼센트)씩 연금을 더 받는다. 5년 동안 연기하면 연금 수령액이 36퍼센트 늘어난다.

별도 소득이 있는 사람은 연금 연기를 통해 국민연금 감액을 피할 수 있다. 가입자의 최근 3년 월 평균 소득(2020년 244만 원)을 넘는 벌이가 있는 사람은 받는 연금액이 최대 5년 동안 줄어들기 때문이다. 감액 비율은 초과 금액에 따라 늘어나며 한도는 연금액의 절반이다.

그러나 지급 시기가 늦어지는 만큼 오래 살지 못하면 전체 금액 면에선 손해가 될 수 있다. 5년 연기한 연금의 손익분기점은 대략 연금수령부터 14년이 되는 해다. 만약 P 부장이 5년을 늦춰 68세인 2031년부터 연금을 받는다고 하면 82세가 되는 2045년까지는 살아야 이익이 된다.

납부 의무가 끝난 60세 이후에 보험료를 계속 내는 방법도 있다. 이런 사람을 임의계속가입자라고 부른다. 연금 수급 자격 (10년 가입)이 되지 않는 사람을 위한 제도이지만, 납부 기간을 늘리고 싶은 사람도 해당된다. 납부 기간이 1년 늘어날 때마다 연금액이 5퍼센트포인트씩 증가한다. 그러나 이때는 사업주와 반반이 아니라 본인이 보험료 전액을 내야 한다.

2020년 5월 기준, 임의계속가입자는 50만 명을 넘어섰다. 2012년에는 10만 명이 채 되지 않았다. 소득 활동을 하지 않아 가입 의무가 없는 사람도 가입이 가능하다. 이런 임의가입자는 30만 명이 넘는다. 한때 강남 주부들 사이에서 국민연금이 재테크 수단으로 인기를 끌었던 것은 이 제도 때문이다.

연금 연기와 보험료 계속납부를 동시에 할 수는 없다. 둘 가운데는 연금 연기의 혜택이 더 크다. 연금공단 또한 가입자에게 연금 연기를 선택하도록 안내한다. 2019년 초 새 직장을 찾은 J 씨는 두 가지를 배합했다. 원래 연금 수령 시기인 62세까지 임의계속가입 형태로 보험료를 납부하고(10퍼센트 증가), 수령 시기는 65세로 3년 늦춘(21.6퍼센트 증가) 것이다.

반대로 연금을 일찍 받을 수도 있다. 연금 지급 시기 5년 전부터 가능하다. 당연히 지급액이 줄어든다. 5년 먼저 받는다면 연금액은 원래의 70퍼센트까지 줄어든다. 사정이 급하다고 일찍 빼 쓰는 것은 현명한 선택이 아니다. 국민연금 운용의 취지는 노후 빈곤 예방이다.

전체 가입자의 평균 소득이 올라가면 연금이 늘어난다. 자신의 소득만이 아니라 가입자의 평균 소득을 합한 값이 연금액 산정의 기준이 되기 때문이다. 사회 전체의 소득 수준이 올라갈수록 내 연금도 증가하는 구조다. 실직·사업 중단 등으로 내지 않은 연금 보험료를 나중에 다시 내거나(추납), 조기 퇴직 탓에 받은 일시금을 이자와 함께 반납해도 된다. 이밖에 실업, 출산, 군복무 때 국가의 보험료 지원 또는 납부기간 추가 인정의 크레딧 제도가 있다.

마지막으로, 이혼 때는 국민연금 분할도 고려해야 한다. 다른 재산과 마찬가지로 연금도 나눈다. 두 사람의 혼인 기간에 배우자가 보험료를 낸 부분만 분할 대상이다. 분할연금을 받으려면 혼인 기간이 5년 이상이고 60세가 넘는 등의 조건을 충족해야 한다. 아직은 분할연금 수급자가 많지 않고, 대다수가 여성이다.

곶감은 빼먹는 것이다

★

**자산이나 예금 잔고가 줄어드는 불안을 피하고 싶은 것은
인지상정이다. 또 웬만하면 원금을 남겼다가 자녀에게 물려주려
하는 게 부모들 마음이다. 그렇다고 어떻게든 기존 자산을
지키려고 하면 노후가 몹시 피곤해진다. 그런 부담감에서
벗어나는 것이 행복한 노후의 비결이다.**

금리가 두 자릿수에 이르던 시절에는 노후 자금 걱정이 덜
했다. 예금만 꼬박꼬박 해도 금방 목돈이 만들어졌고, 다른 수입
없이 은행 이자만으로도 생활할 수 있었다. 이제 은퇴자가 곧 여
유 있는 이자 생활자로 여겨지던 그런 시절은 다시 오지 않을 것
이다.

10년 이상 지속되던 저금리 시대는 미국 연방준비제도(중앙

은행)의 급격한 기준금리 인상으로 막을 내렸다. 시중에 돈이 넘쳐나도 경제성장에 찬물을 끼얹지 않을까 우려해 쉽사리 돈줄을 죄지 못하던 각국 중앙은행들도 살인적 물가에 손을 들었다. 금리가 올라가 퇴직자들의 이자 수입이 조금 늘었다. 하지만 금리 인상의 방아쇠를 당겼던 물가는 훨씬 빠른 속도로 뛰었다.

정기예금 이자가 조금 늘어난 정도로는 고물가로 커진 생활비 부담을 감당하기가 어려워졌다. 이 때문에 얼마 되지 않는 돈을 '곶감 빼 먹듯' 하면서 살 수는 없다는 얘기를 퇴직자들에게서 흔히 듣는다. 고정적으로 들어오던 월급이 사라져 모아둔 돈에서 생활비를 빼서 쓰다 보면 누구나 불안을 느끼기 마련이다.

자산이나 예금 잔고가 줄어드는 불안을 피하고 싶은 것은 인지상정이다. 또 웬만하면 원금을 남겼다가 자녀에게 물려주려 하는 게 부모들 마음이다. 그렇다고 일이든 투자든 해서 있는 자산을 그대로 지켜야지 하고 조바심을 내면 노후가 몹시 피곤해진다. 그런 부담감에서 벗어나는 것이 행복한 노후의 비결이다.

보통의 5060이 보유한 자산은 이자만으로 살기에 턱없이 부족하다. 그러나 자녀에게 물려주지 않고 죽을 때까지 쓰겠다면 그리 모자라지 않은 돈이다. 연간 이자가 몇백만 원이 되지 않는 예금 1억 원이면 10년 동안 해마다 1천만 원씩 나눠 쓸 수 있다. 주택연금의 원리도 마찬가지다. 살고 있는 집을 물려주겠다고 생각하지 않으면 그 집에서 계속 살면서 연금을 받아 생활비에 보탤 수 있다. 5060은 물론 그 부모들 또한 노력해 모은 재산을 자신을 위해 쓴다면 노후가 훨씬 덜 힘들다.

'다 쓰고 죽는다.' P 부장의 신조다. 라테 머니를 모으고 가계부를 쓰는 것도 자신이 원하는 데 제대로 쓰기 위함이다. 그것이 노후를 풍요롭게 하는 길이다. 불안에 눌려 장롱 속에 현금 다발을 신주단지처럼 모셔놓고 고독사하는 일본 노인과 같은 노후는 개인은 물론 사회로서도 불행이다. 우리 돈 2경(조의 1만 배)이 넘는 것으로 추정되는 금융자산의 3분의 2를 보유한 고령자의 돈이 집 안과 은행에서만 맴돌고 있으니 성장이 멈춘 일본 경제에 활기를 불어넣기 힘들다.

P 부장은 양가 노부모에게 뭘 남기려 하지 말고 가진 돈을 마음껏 쓰라고 당부한다. "재산을 모두 써버리고 빈털터리로 죽기로 마음먹는다면, 우리는 살아 있는 내내 적절한 부를 누릴 수 있다."《다 쓰고 죽어라》의 한 구절이다.

1998년 IMF 사태 이전에 흔히 보던 10퍼센트대 금리와 요즘의 최대 2퍼센트대 금리 사이에는 엄청난 차이가 있다. 정기예금 이자가 10퍼센트일 때는 7년 남짓이 지나면 돈이 2배로 불어났다. 아인슈타인도 탄성을 질렀다는 이른바 '복리의 마술'이다. 72로 금리를 나누면 원금의 2배가 되는 데 걸리는 햇수가 된다는 의미에서 '72의 법칙'이라고도 한다. 금리가 그 5분의 1인

2퍼센트도 되지 않으니 돈이 2배가 되는 데는 36년이 더 걸린다. 현금 수십억 원대 부자가 아니라면 이자 수입만으로는 노후 생활이 되지 않는다. '이자 생활자의 종말'이다.

이런 이유로 많은 노후 전문가들이 노후에도 자금을 더 적극적으로 운용하도록 권고한다. 과거에는 '100-나이'가 투자의 정석으로 거론됐다. 주식과 같은 위험자산의 비중을 60대에는 40퍼센트, 70대에는 30퍼센트로 낮추라는 것이다. 수명이 70세 남짓이던 시절의 이런 상식은 100세 시대에 맞지 않다는 게 이들 노후 전문가의 주장이다. 노후가 길고 금리가 떨어져 더 많은 자금이 필요해졌기 때문에 수익성이 높은 위험자산의 비중을 너무 줄이지 말라는 것이다.

물론 이런 얘기는 일반론이다. 수익이 위험에 비례한다는 것은 불변의 진리다. 조 단위 손실을 낳은 라임펀드, 고위험 상품인 해외국채금리연계 펀드(DLS), 금융사기를 벌인 옵티머스 펀드 같은 곳에 노후 자금을 집어넣었다가 큰돈을 날렸거나 그럴 뻔한 5060 피해자가 숱하다.

나이 든 사람들에게 제대로 설명하지 않고 고위험 펀드를 판매한 은행·증권사와 감독기관의 잘못이 무엇보다 크다. 현직 장관도 증권사 직원의 말만 믿었다가 거액을 날릴 지경이었으니 금융 지식이 떨어지는 보통의 노인은 오죽할까. 그럼에도 궁극적 책임과 손실은 본인에게 돌아간다.

젊을 때 활발하게 금융투자를 한 경험이 없다면 참으로 신중하게 접근해야 한다. '확정금리 얼마 보장', '위험률 0퍼센트'와 같은 얘기에 귀가 솔깃해진다는 것은 언제든 노후 자산을 날릴 가능성이 있다는 의미다. 금융투자에 관한 자신의 지식과 정보, 경험, 성향을 잘 따져봐야 한다.

노후 생활에 지장이 없는 범위에서 위험자산을 늘리는 것은 생각해볼 만하다. 노후는 손실 만회가 어려운 시기이므로 투자를 하더라도 △장기운용 상품 △수익률 변동이 적은 상품 △세금과 수수료가 적은 상품 △생활비에 보탤 수 있는 월지급식 펀드 등으로 위험을 최소화하는 것이 권장된다.

다들 은행에 돈을 넣어봐야 이자 몇 푼 나오지 않는다고 불평한다. 집값과 주가가 급등하면서 저축은 돈을 묵히는 애물단지 취급을 받는다. 하지만 P 부장처럼 금리나 투자 수익에 목매지 않고 원금을 늘리는 데 집중하는 것이 '느리지만 확실한' 자산 증식의 길일지 모른다. 1천만 원을 정기예금에 넣어도 1년 이자가 몇십만 원이 되지 않는다. 반면에 꼭 하지 않아도 되는 몇십만 원 지출을 찾아 저축으로 돌리는 것은 그렇게 어렵지 않다.

줄이지 말고 없애야 할 빚

빚이 늘어나기 쉬운 때가 퇴직부터 국민연금이 나오기까지의
공백기인 '소득크레바스(빙하나 눈 골짜기에 형성된 깊은
균열)'다. 소득이 끊겼어도 지출은 그다지 줄지 않은 시기다.
'소득절벽'으로도 불린다. 옛날의 보릿고개에 비유할 만하다.

　노후 자금 하면, 어떻게 불릴지를 먼저 생각하기 쉽다. 그러
나 돈이 허투루 새나가는 구멍을 막는 것도 마찬가지로 중요하
다. 스포츠 경기에 비유하면, 득점을 하는 것 못지않게 실점을
줄여야 이긴다. 써보지도 못하고 빠져나가는 대표적인 돈이 이
자다.
　퇴직 이전에는 이자 부담이 그리 크게 다가오지 않는다. 모
아놓은 돈이나 연금으로 살아가야 하는 시기에 금융기관에 이

자를 꼬박꼬박 갖다 바치는 것은 몹시 애석한 일이다. 빚을 잔뜩 짊어진 채 퇴직을 맞으면 죽을 때까지 갚느라 허덕일 수밖에 없다. 맡긴 돈의 이자는 쥐꼬리만 한데 대출이자는 허리가 휠 만큼 무겁다. 우리나라 금융기관의 주수입이 양쪽의 차이인 예대마진이다.

빚을 내는 데는 다 나름의 이유가 있을 것이다. 일시적 현금흐름이 막혀 마이너스통장과 같은 단기 소액대출을 활용하기도 하고, 주택 구입과 사업을 위해 큰돈을 빌릴 때도 있다. 초저금리 시대인 요즘 젊은 층에선 '영혼을 끌어모아서라도' 빚을 내 집과 주식을 사는 것이 흔하다.

퇴직자에게 가장 우려되는 빚은 주택담보대출이나 자영업 대출이다. 연간 수십 퍼센트의 '달러이자'가 붙고 눈덩이처럼 불어나는 악성채무는 아니다. 그러나 빚의 덩치가 크기 때문에 집 값 폭락과 겹쳐 쪽박을 차게 하는 시한폭탄이 될지 모른다. 노후에는 빚내 투자하기 전에 부채 줄이기를 우선하는 게 좋다. 빚은 되도록 빨리 없애는 것이 정답이다. 퇴직이 다가올수록 더욱 그렇다. 철저한 빚 관리는 가계지출을 줄이는 동시에 파산의 위험을 제거한다.

지난 2~3년 사이 집값 폭등으로 너도나도 주택 구입에 나서면서 주택담보대출이 급증했다. 강도 높은 대출 규제에도 돈을 굴릴 데가 마땅치 않은 은행과 보험사는 돈을 빌려 쓰라고 아우성이다. 중견기업 D 부장의 서울 마포 지역 아파트 우편함에는 대출을 종용하는 전단지가 끊이지 않는다. 그는 수억 원의 대출을 받아 내 집 마련에는 성공했으나 원리금을 상환하느라 허리띠를 졸라매야 했다. 금리가 낮은 시기인데도 월급의 30퍼센트가 빚 갚는 데 들어간다고 한다.

한국은행에 따르면, 한국의 가계부채 규모는 2020년 3분기 1680조 원에 이른다. 국내총생산(GDP)의 100퍼센트에 육박한다. 오스트레일리아, 캐나다와 더불어 세계 최고 수준이다. 특히 가계부채의 증가 속도는 중국 다음으로 빠르다. 그만큼 부채 폭탄이 터질 위험이 크다는 뜻이다. 5060 창업이 많은 자영업 부문의 대출 규모는 600조 원을 넘겼고, 연체율도 10퍼센트를 넘는다.

당연히 사람들은 이런 큰 빚보다 작은 빚에 둔감하다. 대표적인 것이 신용카드다. 카드 사용을 그냥 지출이라고 여길 뿐, 빚내 소비한다는 생각은 잘 하지 않는다. 미국과 같은 소비대국에서는 신용카드 빚이 가계부채의 상당 부분을 차지한다.

가랑비에 옷이 젖는다. 카드대금 연체가 출발점이다. 카드 빚을 카드로 돌려막다가 현금서비스 이용이나 연체를 시작하면서 악순환이 가동된다. 신용등급이 중간 정도인 사람의 연체 대금과 현금서비스 이자율은 20퍼센트가 넘는다. 정기예금 이자를 크게 웃돈다. 더욱이 신용등급이 떨어지기 때문에 앞으로 더 많은 이자를 물어야 하는 상황으로 내몰린다.

빚을 줄이는 데는 우선순위가 있다. 소득이 갑자기 늘어나 지는 않을 것이므로 체계적 계획을 세워 단계적으로 해소할 필요가 있다. 빚의 현황과 성격 파악이 먼저다. 갚기 힘든 상황이라면 덜 나쁜 빚으로 갈아타는 것도 중요하다. 사금융이나 대부업체의 채무 상환이 당연히 최우선이다.

다음 목표는 연체된 카드빚이나 현금서비스, 리볼빙(일부결제금액이월약정)이다. 카드대금 납부를 늦춰주는 리볼빙은 할부와 달리 연체 수준의 높은 이자를 내야 한다. 이 셋은 이름만 다를 뿐, 다 같은 악성 카드대출이다. 그다음이 저축은행 대출이다. 은행권에선 담보가 없는 신용대출의 금리가 상대적으로 높다. 마이너스통장은 손쉽게 쓸 수 있는 대신 일반 신용대출보다 금리가 높다. 빚이라는 생각이 들지 않을 수 있기 때문에 조심해야 한다.

빚을 갚는 방식에는 원금균등상환, 원리금균등상환, 만기일시상환이 있다. 원금균등상환은 매달 같은 액수의 원금과 함께 잔금의 이자를 갚는 것이다. 원리금균등상환보다 일시적 부담이 크지만 잔금이 계속 줄어들어 이자 총액이 적다. 힘들어도 원금부터 갚아나가는 것이 이자 지출을 줄이는 방법이다. 재무설계 전문가들은 나이 들어 '착한 빚'이란 것은 없다고 단언한다.

빚이 늘어나기 쉬운 때가 퇴직부터 국민연금이 나오기까지의 공백기인 '소득크레바스(빙하나 눈 골짜기에 형성된 깊은 균열)'다. 소득이 끊겼어도 지출은 그다지 줄지 않은 시기다. '소득절벽'으로도 불린다. 옛날의 보릿고개에 비유할 만하다.

지금은 정년퇴직을 해도 바로 국민연금을 받을 수 없다. 2023년이 정년인 P 부장은 국민연금이 나오는 2026년까지 3년의 소득 공백기를 넘기는 것이 과제다. 50대 초반 즈음에 회사를 떠난 친구들에 견줘서는 사정이 한결 나은 편이다. 퇴직 뒤 촉탁 근무를 통해 소득 공백기를 줄이는 사례도 있다. 은행 지점장을 지낸 B 씨는 명퇴 직후 9개월 동안 실업급여로 생활한 뒤 은행이 허용하는 촉탁직 근무기간을 모두 채우기로 했다.

대다수는 재취업 가능성이 높지 않으므로 소득 공백기를 넘길 자금 계획이 필요하다. 퇴직금에는 되도록 손을 대지 않는 게 좋다. 그러려면 별도의 저축이 필요하다. P 부장처럼 소득 공백기가 3년이라면, 퇴직 3년 전부터 그 기간 생활비 용도의 적금을 넣는 방법을 생각해볼 수 있다. 50대 중후반은 근로소득과 함께 지출도 가장 많은 시기다. 분명한 목표의식을 갖고 자금관리를 하면 소득절벽을 넘어가기가 훨씬 덜 힘들다.

대도시와 귀촌 사이

★

**일자리와 교육 등 나은 환경을 위해 도시로 떠나는 젊은이의
공백을 귀촌하는 퇴직자들이 메우는 것이 지역을 살리는
차선책이다. 귀촌은 느긋한 삶을 원하는 퇴직자와 갖가지
지원책을 내걸고 생활 터전 살리기에 안간힘을 쏟는 지역이
공생하는 길이다.**

노후 준비에서 '무엇' 다음으로 중요한 것이 '어디'다. 어디
서 사느냐에 따라 노후의 많은 것이 달라진다. 살 곳을 정하는
기준은 다양하다. 직장을 다니는 동안에는 주로 자금 사정에 따
라 집의 종류와 소유 형태, 위치가 달라졌다. 여기에는 부동산
투자를 통한 자산 불리기 목적도 빠지지 않는다. 누구나 직장 가
까운 곳에 자리 잡아 되도록 출퇴근 피로를 줄이고 싶어 한다.

아이를 키우는 시기에는 주로 육아와 교육이 주거지 결정의 최우선 기준이 된다.

노후에는 직장이나 학교 등 다른 요소들의 영향이 사라진다. 개인의 처지나 성향에 따른 편차가 커진다. 예전에는 대도시 바깥으로 나가는 게 대체적 흐름이었다. 전원주택 바람이 대표적이다. 낭만적 삶을 꿈꾸는 사람이 여전히 많지만, 풀 뽑기를 비롯해 끊이지 않는 일거리에 질려 도시로 되돌아온 사람도 흔하다. 요즘은 편의·의료 시설이 잘 갖춰진 도시 중심부에 머물려는 경향 또한 강해졌다. 성인이 된 자녀나 손자손녀를 돌보느라 원하는 삶과 집을 선택하지 못하는 사람도 많이 보인다.

자금 사정이 여전히 최우선 고려 사항이다. 집값 상승의 기대치가 높지 않다면 주거비용이 많이 드는 대도시 중심부를 떠나는 것이 당연히 바람직하다. 지방으로 갈수록 집값 부담은 줄어든다. 자연과 시골을 원하는 사람들은 귀촌을 택한다. 시골에서 농사를 지으며 먹고사는 귀농에는 장애물이 많기 때문에 시골 생활만 원하는 귀촌이 훨씬 흔하다. 텃밭 농사로 먹거리를 해결하고 연금과 다른 수입으로 생활비를 충당한다.

귀촌·귀농 인구는 2017년 처음 50만 명을 넘어섰으나 이후 감소세를 보이고 있다. 귀촌이 절대다수다. 농업이나 어업을 목적으로 시골로 간 사람은 2만 명이 채 되지 않았다. 귀농은 5060이 다수인 반면, 귀촌은 40대 이하가 절반을 넘었다. 1인 가구가

70퍼센트를 넘고, 이주 지역의 25퍼센트 이상은 경기도다. 경기도로 옮겨간 사람이 많다는 것은 귀촌과 대도시 주변 이주의 경계를 나누기가 쉽지 않다는 얘기다.

귀촌 정보나 체험담은 인터넷에서 쉽게 찾아볼 수 있다. 농림축산식품부의 귀농귀촌센터 사이트에 관련 정보가 체계적으로 정리돼 있다. 대표적 귀농·귀촌 지역으로 꼽히는 전남 곡성의 실태조사를 보면, 주거 환경·이웃 관계·건강이 만족스러운 것으로 나타났다. 반면에 경제 여건·지역 인프라는 그렇지 못하다는 응답이 많았다. 기존 마을 주민들과의 가장 큰 갈등 요소로는 '선입견과 텃세'가 꼽혔다.

일자리와 교육 등 나은 환경을 위해 도시로 떠나는 젊은이의 공백을 귀촌하는 퇴직자들이 메우는 것이 지역을 살리는 차선책이다. 귀촌은 느긋한 삶을 원하는 퇴직자와 갖가지 지원책을 내걸고 생활 터전 살리기에 안간힘을 쏟는 지역이 공생하는 길이다. 단, 귀촌하려는 사람은 그곳에서 먹고살 방도를 찾기보다 지역의 부족한 부분을 조금이라도 채워주려 할 때 환영받는다.

50대 초반 W 씨 부부는 경남 하동과 강원 정선을 귀촌 후보지로 꼽는다. 둘 다 연고가 있는 곳은 아니다. 정선은 여름휴가 때마다 찾고, 하동은 이따금 방문한다. 현지 사정과 더불어 은퇴 생활에 적합한 곳인지를 알아보기 위해서다. 두 사람의 연금으로 생활은 충분히 가능하고, 살고 있는 아파트 전세금으로 시골에 집을 마련하는 데는 별 문제가 없다. 벌어놓은 돈이나 일자리가 없어도 연금생활이 가능하기에 W 씨 부부는 자신들의 취향을 최우선적으로 고려했다.

정년을 1년 남짓 앞둔 K 씨는 이미 퇴직 뒤 이주 계획의 실행 단계에 들어갔다. 경기 남양주에 터를 잡고 단독주택을 지었다. 부부가 모두 퇴직한 뒤 아파트를 팔고 이사할 예정이다. 도시 농부인 그는 애초 고향인 경북을 귀촌 후보지로 염두에 뒀다. 그런데 대학 진학 이후 줄곧 서울에서 살아온 그에게 세 시간 남짓 걸리는 고향은 너무 멀게 느껴졌다. 고향이라는 점 말고는 딱히 다른 장점이 없고, 출신 지역이 다른 부인도 생각하지 않을 수 없었다. 이후 차로 두 시간 정도 걸리는 곳으로 범위를 좁혔다. 마음에 드는 곳을 찾아 한때 땅 매매 계약을 추진하기도 했다.

그러나 차로 두 시간이라는 물리적 거리 또한 만만치 않다는 생각이 들었다. 그와 같은 베이비붐세대의 인간관계는 대체로 대학 입학 뒤 40년 가까이 살아온 대도시를 배경으로 한다. 퇴직 이후 여러 관계가 단절되면 남은 개인적 관계의 소중함이 더 커진다. 취미나 학습 같은 활동으로 새로운 관계를 만들 필요도 있다.

가까운 사람들과 한 번씩 얼굴을 보려면 두루 접근이 편한 도심을 약속 장소로 정할 수밖에 없다. K 씨가 차로 한 시간 이

내에 도착 가능한 곳을 낙점한 이유다. 그가 택한 남양주 지역
도 땅값이 많이 올랐지만 그런대로 무리 없이 집터를 구할 수 있
었다. 땅값과 건축비를 합쳐도 보유한 아파트 가격의 절반 정도
였다. 동서 가족과 뜻이 맞아 같은 장소에 집을 지음으로써 낯선
곳에 정착하는 부담을 한결 덜게 됐다.

P 부장은 번잡한 도시와 아직은 불편한 지방 사이의 균형을
택했다. 서울 도심에서 차로 한 시간 거리인 용인 수지의 아파트
가 그의 노후 보금자리다. 맞벌이인 그는 두 아들을 키우기 위해
이곳 처가 주변에서 몇 년 동안 살았다. 부부가 출퇴근에만 하루
세 시간 이상씩 허비해야 하는 쉽지 않은 생활이었다.

정년이 가시권에 들면서 이 지역의 장점을 재발견하게 됐
다. 광역버스와 전철 이용이 모두 가능해 서울 접근성이 좋다. 5
분 거리에 등산로 입구와 도서관이 있고, 조금만 외곽으로 나가
면 논밭이다. 도시의 번잡함을 피하면서도 생활의 편의를 포기
하지 않아도 되는 곳이다.

전원생활이나 텃밭 가꾸기에 그리 관심이 없는 그는 아파트
가 싫지 않다. 저층 빌라도 나쁘지 않다. 집값과 전·월세가가 서
울 시내의 절반을 밑돈다. 전원주택이나 잘 꾸며놓은 집이 주는
낭만은 이따금 구경하거나 묵어보는 것으로 채우려 한다.

대도시 주변의 상황은 대체로 비슷하다. 시골로 옮기고 생

활방식을 완전히 바꾸는 식의 대단한 결단을 요구하지 않는다. 시골살이를 꺼리는 배우자와의 마찰이 적다. 줄어든 주거비용과 사라진 출퇴근 부담이라는 노후의 장점을 충분히 살릴 수 있다. P 부장은 노후 주거지로 '도심에서 한 시간 떨어진 곳'을 친구들에게 적극 권한다.

부동산 딜레마 탈출하기

★

당분간 집을 처분하지 않는다면 장기적으로 집값에 영향을 주는
요소를 염두에 둘 필요가 있다. 가장 중요한 요소는 주택 수요다.
집값 폭등의 진원지 서울을 보면, 2018년 379만 2천인 가구 수가
2028년 391만 2천으로 정점을 찍고 내림세로 돌아설 전망이다.

대다수 5060에게 재산의 대부분을 차지하는 게 부동산이
다. 물론 살고 있는 집 한 채가 고작이다. 집값 폭등 이전인 2017
년의 통계청 가계금융·복지조사에서도 부동산의 비중이 전체
자산의 75퍼센트에 이르렀다. 가구주 퇴직 이후에 생활비 조달
에 여유가 있다는 응답자는 8퍼센트에 지나지 않았다.

보유한 예·적금 등 금융자산으로 자녀 결혼 등에 필요한 목
돈과 20~30년에 걸친 노후 생활비를 대는 건 불가능하다. 퇴직

이후 살던 집을 팔고 좀 작은 평수나 가격이 싼 곳으로 옮겨 생활 자금을 마련하는 것이 자연스러운 흐름이다. 나이가 들고 소득이 없으면 환금성이 낮고 가격 하락 위험이 있는 부동산 의존도를 줄이는 것이 '노후 공식'으로 자리 잡은 지 오래다.

그러나 서울을 중심으로 집값이 폭등하면서 이런 흐름이 중단된 것은 물론 '역주행 현상'이 발생했다. 구매력을 갖춘 5060 주택 보유자들이 높은 전세금을 지렛대로 삼는 '갭 투자' 등을 통해 주택 구입 행렬에 뛰어들었다. 집을 가진 사람이 과거에 비해 2~3배 많이 집을 사들임으로써 집값 상승세에 기름을 부은 것이다.

사는 집 하나밖에 없는 사람에게도 자기 집값이 오르는 것은 나쁘지 않은 소식이다. 오랜 기간 무주택자로 지내던 50대 후반 A 씨는 7억 원대에 분양받은 서울 마포 지역 아파트에 2019년 입주했다. 전용면적 84제곱미터(옛 33평형) 규모인 이 아파트의 가격은 2배 이상으로 올랐다. 은행 대출이 있기는 하지만, 그는 순식간에 10억 원 이상의 자산가가 됐다. 2017년 3월 기준으로, 자산 10억 원이 넘는 가구는 전체의 5.1퍼센트(약 100만 가구)에 지나지 않았다. 그런데 요즘에는 이른바 마용성(마포·용산·성동)을 비롯한 서울 강북 지역에도 10억 원을 넘는 아파트가 수두룩하다.

이런 상황에서 부동산 의존도를 줄인다는 노후 공식은 설득력을 얻기 힘들다. 은퇴한 주택 보유자의 고민이 커졌다. 집값이 크게 올랐으니 처분하면 더 많은 노후 자금 확보가 가능하지만 더 오를지 모른다는 생각이 발목을 잡는다. 5060 모임에선 '똑똑한 한 채'로 불리는 서울 집은 놓지 말아야 한다는 얘기가 자주 오간다. 2020년 7월 초고강도 대책으로 집값 오름세가 주춤했으나 여전히 안갯속이다.

이럴 때는 기본으로 돌아가는 게 필요하다. 노후의 집은 가격만의 문제는 아니다. 무엇을 하며, 어떻게 살 것인가 하는 노후 계획에 따라 살 데를 정하는 게 바람직하다. 그동안에는 직장, 교육, 투자 등 거주 공간이라는 본래 목적이 아닌 이유들로 집을 선택할 수밖에 없었다. 노후야말로 살고 싶은 집을 결정할 수 있는 마지막 기회다.

여유 자금이 넉넉하지 않다면, 주택을 보유한 상태에서 다른 곳에 집을 마련하기는 힘들다. 다주택자에 대한 부동산 규제가 대폭 강화돼 세금 부담도 크다. 강원도 홍천의 전원주택 단지로 옮긴 J 씨나 경남 지역 귀촌을 희망하는 W 씨처럼 대도시를 떠났거나 떠날 사람의 고민은 상대적으로 작다.

전·월세 폭등 우려도 있는 만큼 주택의 완전 매각에는 신중할 필요가 있다. 요즘은 작은 평수의 평당 가격이 더 비싸 사는 지역에서 평수를 줄이는 것으로는 노후 자금 확보가 여의치 않다. 대도시 주변으로 옮긴다면 상당한 자금을 마련할 수 있다. 예를 들어, P 부장이 정착하려는 용인 수지의 전용 84제곱미터 아파트 가격은 지금 사는 서울 북아현동 같은 크기 아파트의 절반 수준이다.

지금 사는 곳에서 계속 살면서 생활비를 확보하는 방법으로는 주택연금이 가장 낫다. 주택연금은 일종의 주택담보대출이지만, 일반 금융기관의 대출에 비해 안전성 면에서 단연 유리하다. 연금 지급 뒤 주택 처분 금액이 연금 총액보다 많으면 차액을 상속인에게 돌려준다. 그 반대일 때는 집만 넘겨주면 된다.

합산 9억 원 미만 주택의 실제 거주자가 대상이다. 2020년 시가에서 공시가로 기준이 바뀌어, 시가로는 약 12~13억 원까지 해당된다. 합계 9억 원이 넘는 2주택자는 3년 안에 한 채를 팔아야 한다. 주거용 오피스텔도 대상에 포함된다. 부부 어느 한 쪽이 만 55세 이상이면 신청이 가능하다. 종신지급·확정기간·혼합형이 있다. 5억 원대 주택으로 60세(나이가 적은 쪽)부터 평생 받는다고 가정할 때 연금액은 월 100만 원이 조금 넘는다.

그런데도 주택연금 이용자가 그리 많은 편은 아니다. 도입 10년이 넘었지만 가입자 수가 7만여 명에 그친다. 집을 자녀에게 물려줘야 한다는 인식이 여전히 강하기 때문으로 풀이된다. 집값 상승이 이런 심리를 부추겨 2020년에는 해지 비율이 부쩍 늘었다. 중도 해지하면 별도의 해지수수료는 없지만, 받은 돈에 이자를 쳐서 갚아야 한다. 이자는 시중은행 주택담보대출과 엇

비슷하다. 또 초기 보증료(집값의 1.5퍼센트)는 돌려받을 수 없고, 3년 동안 재가입이 되지 않는다.

집을 꼭 쥐고 있느라 다른 자산을 모두 소진하면 노후 빈곤을 자초할 위험이 크다. 달리 생활비 조달 방법이 없다. 집을 물려주겠다고 생각하는 마당에 집을 담보로 대출을 받는 것도 쉽지 않다. 그러다 보면 곤궁하게 살면서 자녀의 눈치를 볼 수밖에 없다. 집을 물려받는 고마움으로 부모를 마지막까지 잘 모실 자식들이 얼마나 될지는 알 수 없다.

2018년 시작된 집값 폭등세가 예측 불허였던 만큼 집값의 미래를 점치는 것 또한 힘들다. 집값 고공행진은 역사상 전례 없는 저금리와 엄청난 규모의 부채를 기반으로 하고 있다. 다주택자의 투기와 불안에 쫓겨 뒤늦게 뛰어든 젊은 세대의 '패닉성' 매수 등이 맞물렸다.

특히 이번에는 한 사람이 1800채를 보유하거나 규제 사각지대에 있던 법인들이 집을 쓸어 담는 극단적 현상까지 벌어졌다. 집값에 상당한 거품이 낀 것은 분명하다. 그럼에도 시중에 너무 많이 풀린 돈이 달리 갈 곳이 마땅치 않은 것 또한 사실이다.

당분간 집을 처분하지 않는다면 장기적으로 집값에 영향을 주는 요소를 염두에 둘 필요가 있다. 가장 중요한 요소는 주택 수요다. 집이 필요한 가구(인구)가 얼마나 될지, 이들의 구매력은 충분한지가 관건이다. 집값 폭등의 진원지 서울을 보면, 2018년 379만 2천인 가구 수가 2028년 391만 2천으로 정점을 찍고 내림세로 돌아설 전망이다(통계청 장래가구 추계).

가구 유형에선 1인 가구 증가세가 뚜렷하다. 1인 가구는 월세가 많다. 이들의 주택 보유 비율은 3~4인 가구의 절반인 30퍼센트가 채 되지 않는다. 65세 이상 고령자 가구의 증가 속도도 빠르다. 비싼 집이 필요없거나 살 여력이 없고, 집을 처분해 생활비를 마련해야 할 사람들이다. 결국 인구의 도시 집중은 계속되겠지만, 가구 형태와 인구구조에 비춰 장기적으로 집값이 올라가기는 힘들다.

인구 감소가 몰고 오는 변화의 회오리는 생각보다 무섭다. 한국은 이미 1980년대 초반에 부부 합계 출산율이 두 명으로 떨어져 인구 증가 속도가 줄어들고 있었다. 그럼에도 한동안 한 자녀 낳기 운동의 '관성'을 버리지 못하고 지금은 세계에서 출산율이 가장 낮은 나라가 되고 말았다. '서울 집값 불패'도 관성일지 모른다. 이런 측면을 고려할 때 부동산 의존도를 줄이라는 노후 공식은 여전히 유효하다고 하겠다.

21세기 유목민

★

P 부장은 달마다 나오는 국민연금만으로 생활이 가능한 해외 지역의 리스트를 만들고 있다. 한 곳에서 한두 달 지내다 인근 지역으로 옮겨가는 방식의 세계여행을 꿈꾼다. 북미와 유럽 등 주요 선진국을 제외하면 대부분의 지역에서 큰돈 들이지 않고 몇 달씩 머물 수 있다.

한국에서도 '은퇴이민'은 낯설지 않은 단어다. 고령화가 앞서 진행된 선진국에선 생활비가 싼 나라로 이민을 떠난 퇴직자를 쉽게 찾아볼 수 있다. 이웃 일본에서는 단카이세대(1947~1949년생 베이비부머)의 대규모 정년퇴직 즈음부터 은퇴이민에 대한 관심이 고조됐다. 한국에서도 이제 어느 정도의 자산과 연금, 고학력으로 무장한 베이비붐세대 중산층의 정년퇴직이 본격화하고 있다.

외국살이는 쉽지 않다. 특히 언어와 생활방식의 차이는 나이 든 사람에게 큰 장애물이다. 그런데도 굳이 외국으로 가려는 이유는 단 하나, 삶의 질이다. 돈벌이를 하지 않거나 하기 힘든 나이기에 더 느긋하게 살 수 있는 곳을 찾는 것이다.

은퇴이민에선 저렴한 생활비를 비롯해 건강관리, 기후, 치안, 생활 편의, 비자 요건 등이 중요한 고려 요소로 꼽힌다. 코로나19로 고령자의 희생이 잇따라 의료 서비스에 대한 가중치가 높아졌다. 어디서 살든 좋은 점과 그렇지 않은 점이 있기 마련이다. 변화와 도전이 두렵지 않다면 자신에게 맞는 삶을 국내로 한정할 필요는 없다. 한국에서 받는 연금만으로 생활이 가능한 곳이라면 얼마든지 이민을 검토해볼 만하다.

미국 이주 정보 업체 인터내셔널리빙은 해마다 은퇴생활에 좋은 나라의 순위를 발표한다. 미국인의 관점이 많이 반영된 탓에 미국과 지리적으로 가까운 중남미 나라의 선호도가 높게 나온다. 2019년에는 파나마, 코스타리카, 멕시코, 에콰도르가 1~4위를 차지했다. 이들 나라는 매년 조사에서 상위권에 든다. 아시아에선 말레이시아와 타이, 유럽에서는 스페인과 포르투갈이 10위권에 든 나라다.

스페인과 포르투갈은 유럽인이 선호한다. 최소한의 비용으로 서유럽 방식의 생활이 가능한 나라다. 대부분의 지역에서 부부가 2500달러(약 280만 원)로 한 달을 지낼 수 있다고 한다. 생활비는 한국에서 드는 것과 큰 차이가 없는 셈이다. 코로나19와 같은 전염병에 유럽 전체가 큰 취약성을 드러냈지만, 공공보건 시스템이 상대적으로 잘 갖춰져 있다. 포르투갈은 유럽에서 불가리아 다음으로 물가가 싼 나라다. 유럽 생활을 맛보고 싶다면 이들 두 나라가 적격이다. 외국인에 대한 거부감이 비교적 낮은 장점도 있다.

중남미는 한국인에게 낯선 곳이다. 너무 멀고 치안이 좋은 편이 아니다. 마약 범죄조직의 온상이라는 이미지도 강하다. 그러나 고정관념과 달리 현지 사람들이 친절하고, 물가·기후·건강 등 여러 면에서 비교우위가 있다. 파나마, 멕시코 등은 60세 이상 퇴직자를 위한 특별할인제도도 갖췄다. 20년 이상 해외에서 도주 생활을 하던 한보그룹 정태수 회장 부자의 마지막 은거지가 에콰도르였다.

자산이 넉넉지 않은 한국과 일본의 퇴직자에게는 동남아가 주목받는다. 비행기로 예닐곱 시간 이내에 도착할 수 있고 관광·출장 등으로 방문한 경험이 있는 곳이어서 친숙하다. 이들 나라는 무엇보다 장기체류 요건이 까다롭지 않다. 타이나 필리핀은 3천만 원 이내, 말레이시아는 9천만 원 정도의 은행잔고를 증명하면 50세 이상 외국인에게 장기체류 비자를 준다. 말레이시아 수도 쿠알라룸푸르와 페낭, 타이의 방콕·치앙마이·파타야, 인도네시아의 발리, 치안이 좀 걱정되는 필리핀에선 세부·보라카이 등 우리에게 널리 알려진 곳들이 대표적인 은퇴이민 후보지다.

나이가 들어 원래 살던 데가 아닌 곳, 그것도 다른 나라에 다시 정착하는 이민에는 상당한 결심이 요구된다. 그런데 외국에서 오래 머무는 것이 별로 어렵지 않다면, 굳이 한국을 등지고 삶의 터전까지 옮길 이유는 없다. 또 특정한 나라의 특정 도시 한 곳만 정하느라 골치를 썩일 필요도 없다. 마음에 드는 곳을 옮겨 다니면서 사는 방법이 있다. 거기에 드는 재정적, 정서적, 육체적 부담이 크지 않다면 이민보다 훨씬 환영받을 만한 선택지다.

요즘은 해외여행에서도 발도장만 찍고 스쳐 지나가는 것보다 일정 기간 머무는 방식이 주목받는다. 한 달 정도 여행과 거주를 적절히 섞어, 구경하는 것과 더불어 살아보는 재미와 여유를 최대화하는 것이다. 한창 일할 나이의 젊은 사람은 돈을 벌고 모으는 것을 포기해야 세계 이곳저곳을 다닐 수 있다. 2년 동안 60여 도시를 여행한 뒤《한 달에 한 도시》라는 책을 쓴 김은덕·백종민 부부가 대표적이다. 이들은 물가가 비싼 이탈리아의 관광지 피렌체 같은 곳에서도 100만 원 남짓으로 한 달을 살 수 있었다고 말한다.

젊은이와 달리 퇴직자는 일자리와 시간이라는 기회비용이 들지 않는다. P 부장은 몇 년 전부터 포털 카페 '일년에 한도시 한달살기'에 가입해 정보를 모으고 있다. 실제 한 달 살기를 해본 사람들의 체험담을 통해 '도상연습'도 한다. 젊은 회원들이 많지만 5060 퇴직자들도 간간이 눈에 띈다. 가장 인기 있는 제주도를 비롯해 국내 여러 지역 한 달 살기에 관한 이야기도 많이 올라온다.

P 부장은 달마다 나오는 국민연금만으로 생활이 가능한 해외 지역의 리스트를 만들고 있다. 한 곳에서 한두 달 지내다 인근 지역으로 옮겨가는 방식의 세계여행을 꿈꾼다. 북미와 유럽 등 주요 선진국을 제외하면 대부분의 지역에서 큰돈 들이지 않고 몇 달씩 머물 수 있다. 가까운 나라로 옮겨가기 때문에 이동 비용도 큰 부담이 아니다. 비행기 표는 일찍 구입하면 가격이 아주 싸다. 계절 변화에 맞춰 따뜻하거나 선선한 지역을 선택하는 것도 가능하다.

젊은이는 방문 국가의 숫자에 무게를 두기도 하지만, 나이든 사람에겐 어디든지 가볼 수 있는 여유로움이 소중하다. 생활과 여행의 중간 어느 지점에서 즐기는 은퇴한 노마드(유목민)의 삶이다.

4부

건강

—

마지막까지
우아한 삶을
위하여

건강이 돈이다

✱

**죽음을 최대한 늦추는 과정에서 겪는 생물체의 변화가 노화다.
육체·정신 기능의 쇠퇴와 생존을 맞바꾼 것이다. 대표적
불치병인 암도 눈망울이 초롱초롱한 어린이나 새파랗게 젊은
사람에 비해 나이 든 사람에게 진행이 훨씬 더디다. 그 이치를
받아들이면 오히려 마음이 편해진다.**

돈과 건강은 노후 대비 우선순위에서 늘 1, 2위를 다툰다.
그런데 젊을 때는 '건강이 곧 돈'이라는 생각을 잘 하지 않는다.
건강을 잘 지키기만 해도 '흑자 인생'을 살 수 있는 이치 말이다.
사실 나이 들어 돈을 벌기는 쉽지 않다. 큰돈을 까먹지 않는 것
이 버는 길이다.

자녀의 결혼이나 사기 등을 제외하고 나이 들어 한꺼번에

큰돈이 나가는 가장 흔한 사유가 질병이다. 큰 병원에 가서 이런 저런 검사만 해도 몇십만 원이 금방 사라진다. 예전에는 치아 임 플란트로 승용차 한 대 값을 날린 사람을 주변에서 쉽게 찾아볼 수 있었다. 지방에 사는 P 부장 어머니가 쓰는 돈 가운데 가장 큰 비중을 차지하는 것도 의료비다.

노부모가 중장년 자녀의 돌봄을 요구할 만큼 큰 병에 걸리 거나 수술을 하지 않는 것에 감사할 일이다. 하지만 부모와 자식 돌봄에 본인 노후까지 3중고에 시달리면서 달마다 보내드린 생 활비의 상당 부분이 병원에서 허망하게 사라지는 것은 몹시 안 타까운 일이다.

특히 간병까지 필요한 상황이 생기면 타격이 정말 만만치 않 다. 2019년 어머니가 요양병원에서 몇 달 지내다 세상을 떠난 P 부장의 동료는 간병비로 월 300만 원가량을 썼다. 적정 노후 생 활비(부부 기준)를 웃도는 돈이다. 보장성이 확대돼온 국민건강보 험으로 암과 같은 중증질환 치료에 드는 본인부담금이 크게 줄어 들었지만 간병비 압박은 여전히 상당하다.

통계를 보면, 한 사람이 평생에 걸쳐 지출하는 의료비 가운 데 절반 정도가 마지막 1년 동안에 쓰인다. 그만큼 노후의 건강 은 돈과 직결돼 있다. 공적 의료보험 체계가 취약한 미국에선 중 산층 노후 파산의 주범이 의료비다. 개인은 물론 국가 차원에서 도 나이 든 사람의 건강 증진은 큰 이익이다. 청년 세대에 돌아갈 사회적 자원의 낭비를 줄이는 데 크게 기여한다.

한국 국민의 의료비는 2018년 144조 원으로, 국내총생산 (GDP) 대비 8퍼센트를 넘었다. 해마다 크게 늘어나는 추세(2018년은 전년 대비 9.4퍼센트 증가)다. 입원 치료는 백내장-치매-폐렴, 통원 치료는 고혈압-치주질환-급성기관지염 차례로 많았다.

P 부장은 몸에 나쁜 것을 하지 않음으로써 건강과 돈이라는 '두 토끼'를 잡으려 한다. 그래서 노후의 '표준 생활양식'을 충실하게 지키는 편이다. 건강에 관한 모든 권고에서 금연과 절주는 빠지지 않는다. 스스로 결심과 노력을 했다기보다는 몸이 원하지 않아 젊을 때부터 거리를 뒀다. 담배는 피우지 않고, 술은 두 잔이 정량이다. 소주잔이든 맥주잔이든. 한도를 넘으면 그 자리에서 잠이 들거나 위장이 거부해 화장실로 달려가는 등 몸이 먼저 반응한다. P 부장이 커피를 마시지 않는 것도 몸이 받지 않아서다.

그는 지금까지 연말정산 때 의료비 소득공제를 받아본 적이 전혀 없다. 소득공제는 지출한 의료비가 전체 급여의 3퍼센트를 넘어야 해당된다. 연봉이 5천만 원이라면 150만 원 이상이다. 큰 병을 앓거나 다쳐 병원에 가는 일이 드무니 연간 의료비는 좀체 세 자릿수가 되지 않는다.

담배, 커피, 술을 멀리하기 때문에 저절로 굳는 돈이 하루 1

만 원을 넘는다. 한 달이면 30만 원이다. 그가 가입한 개인연금 저축 납입금(월 20만 원)보다 많은 액수다. 30만 원을 연금저축에 넣었다고 생각해보자. 원금만 연간 360만 원이고, 60만 원에 가까운 세액공제를 받을 수 있다. 해마다 400만 원이 모인다. 퇴직해 다른 소득이 없을 때 30만 원이 갖는 무게는 한결 커진다. 2021년 기초연금 최고액이 월 30만 원이다.

　사람이란 참으로 정교하게 만들어진 '종합예술작품'이란 생각을 P 부장은 자주 한다. 그런데 인체 시스템은 기능 향상이나 복원에 필요한 것을 외부에서 투입한다고 해서 그냥 받아들이지 않는다. 까다롭기 그지없는 복잡계 시스템이다.

　결론은 간단하다. 인체가 가장 자연스럽게 받아들이는 방식으로 몸을 관리하지 않으면 지속적 효과는 없다. 역작용도 나기 쉽다. '몸이 나이 드는 것을 좀 늦추고 싶다면, 아니 몸이 나이 드는 것을 좀 잊고 지내고 싶다면, 일상을 충실하게 하라.' 과학적 노화 연구가 가장 발달한 미국에서 노화 전문가들이 하는 한결같은 권고다. 그리고 그게 가장 싸게 먹힌다. 유해한 활성산소와 만성 염증, 호르몬 체계 교란을 되도록 억제하고, 항산화 물질 같은 도우미를 늘리는 것이 '노화 처방전'이다. 그것은 생활 습관, 주변 환경, 음식, 운동 등 일상과 총체적으로 연결돼 있다.

　노후 건강이 중요하다는 건 누구나 안다. 그럼에도 실행은 인식에 한참 못 미친다. 알면서도 하지 않는 대표적인 게 건강관리다. 금연은 작심삼일이 되기 일쑤다. 1년치 헬스 이용권을 끊었다가 며칠도 못 나가고 날리는 사람이 허다하다. 몸 여기저기가 고장 나는 50대에 들어설 즈음 그나마 "건강을 잃으면 모든 걸 잃는다"는 말의 참뜻을 되새긴다.

　요즘 방송에선 전문의들이 질병 예방과 치료법을 얘기해주고, 건강 보조 식품과 음식을 소개하는 프로그램이 넘친다. 인터넷에도 건강 정보가 무궁무진하다. 광고가 판을 치고 엉터리도 적지 않다. 하지만 조금만 관심을 가지면 궁금증 해소는 어렵지 않다. 그런데도 자신의 몸이 어떻게 작동하는지, 나이가 들면서 어떻게 달라지는지는 잘 알지 못한다. 아플 때가 아니면 별로 신경 쓰지 않고, 나으면 다시 무관심으로 돌아가기 때문이다. 얼굴이나 몸매에 들이는 일상적 노력과 대조적이다.

　몸의 원리를 알면 질병 대처 능력과 문제 해결력이 커진다. 나이 들어 어떻게 하는 것이 건강 유지에 더 효과적이고 지속 가능한지 등 자신에게 맞는 노후 건강법을 찾을 수 있다.

품격의 마지노선

★

**인간의 마지막 존엄성은 정신과 신체의 자유에서 나온다.
되도록 오래 스스로 거동하는 것이 곧 자신의 자유와 존엄을
지키는 길이다. 평소에는 몸을 움직이고 걸을 수 있는 것이
얼마나 큰 행복인지를 깨닫기가 쉽지 않다.**

질병에는 고통이 따른다. 나이가 들수록 견디기도, 치료하기도 힘들다. 무엇보다 힘든 것은 고통이 자신에게만 그치지 않는다는 점이다. 삶의 기본인 의식주 해결을 비롯해 일상생활에 누군가의 도움이 있어야만 할 때 '진짜 불행'이 찾아온다.

그 고통은 불확실성이 클 때 더 심해진다. 간병에 따른 육체적, 정신적, 재정적 피로가 장기간 누적되면 돌보는 사람도 진이 빠진다. 배우자나 자녀가 극단적 선택에 내몰리는 사례까지 생

긴다. 이른바 '간병살인'이라는 비극이다. 제 한 몸 추스르기도 힘든 터에 언제 끝날지 모르는 간병 생활을 지속하는 것은 '심리적 지옥'에 가깝다. 병상의 부모나 배우자가 어서 죽었으면 하는 '나쁜 바람'에 시달려서다.

국내 신문사의 탐사보도를 책으로 펴낸《간병살인, 154인의 고백》에는 간병살인으로 이르는 절절한 사연이 실려 있다. '죽어야 끝나는 전쟁', '살인 충동마저 부르는 악몽', '살아도 산 게 아닌', '10배의 우울증' 등등 표현이 과격하지만, 돌보는 이들의 실태는 적나라하다. 건강하게 나이 드는 것은 자신의 행복만을 위한 게 아니다. 가장 가까운 사람을 심신이 다 해어져 너덜거리는 고통에 빠뜨리지 않기 위한 마지막 사랑이다.

질병, 사고, 장애로 주변의 돌봄을 받는 것 자체가 절대적 불행은 아니다. 사람이 늙고 죽는 것처럼 언젠가는 돌봄을 받는 게 자연스럽다. 그 부담을 개인에게만 지우지 않도록 요양보험 체계를 운영한다. 장애인, 고령자 등 사회적 약자가 별 걱정 없이 돌봄을 받는 사회적 뒷받침은 반드시 필요하고, 그런 세상을 위해 함께 노력하는 게 바람직하다.

하지만 그런 세상은 쉽게 오지 않는다. 그때까지는 개인이 온전히 감당해야 한다. 슬기로운 노후 준비는 최악의 사태를 막기 위해 내가 무엇을, 어떻게 할지에 관한 이야기다. 적어도 사랑하는 사람들을 질리게 하지 않고, 최소한의 인간적 품격을 지키는 길 말이다.

　노후를 악몽으로 바꿔놓는 가장 큰 '건강 파탄'은 두 가지다. 하나는 스스로의 힘으로 움직이기 힘든 것이고, 다른 하나는 자신의 생각과 의지가 작동하지 않는 것이다. 전자는 육체적 이상의 극단이고, 후자는 정신적 이상의 극단이다. 둘 다 혼자 감내할 수 없어 다른 사람의 돌봄을 필요로 한다는 점이 공통적이다. 거동 불능과 치매가 그것이다. 이 두 가지만 피하면 그래도 견딜 만한 노후라고 할 수 있다.

　제 몸을 건사하지 못하는 상황부터 보자. 뇌경색·뇌출혈로 몸 한쪽이 마비되거나 고관절 등의 뼈가 부러져 자리보전을 하는 것이 대표적이다. 뇌의 혈관이 막히거나(경색), 터져(출혈) 생기는 마비증상이 중풍이다. 의학적으로는 뇌졸중이라고 한다. 뇌졸중을 비롯한 뇌혈관 질환은 암, 심장질환, 폐렴에 이어 한국인의 사망 원인 4위다. 국내 환자는 60만 명 정도다.

　뇌혈관이 딱딱해지고 좁아져 피의 흐름이 원활하지 못한 것이 주요한 원인이다. 뇌동맥의 지름이 정상에 비해 50퍼센트 이상 좁아져야 이상을 느낄 수 있다. 혈관 막힘은 오랜 시간에 걸쳐 천천히 진행되기 때문에 평소의 건강관리가 중요하다.

　나이 들면 혈관이 약해지고, 혈관과 피 속에 찌꺼기가 많다. 50대 이후 주로 발병하고, 나이가 열 살 늘어날 때마다 발병 확률이 2배로 높아진다. 노화 이외에 뇌졸중의 주범은 다섯 가지다.

이 가운데 혈액에 콜레스테롤·중성지방이 많은 고지혈과 고혈압, 당뇨는 만병의 근원이다. 나머지 담배와 술은 건강 유지를 위해 끊거나 줄여야 하는 생활 습관 1순위에 올라 있다. 특별한 요법이 아니라 상식 수준의 건강관리만 하면 뇌졸중 위험을 줄일 수 있다는 뜻이다.

더 조심해야 할 것이 낙상이다. 넘어져 다치는 것을 말한다. 나이 든 사람을 자리에서 일어나지 못하게 만드는 가장 흔한 사고다. 2017년 4~11월 전국 65세 이상 1만여 명을 대상으로 벌인 한국보건사회연구원의 실태조사를 보면, 낙상 사고를 당한 사람이 15.9퍼센트에 이른다.

나이 든 사람의 낙상 사고는 대부분 골절로 이어진다. 근육과 뼈의 밀도가 줄어들어 뼈가 쉽게 부러진다. 가장 흔한 게 엉덩방아를 찧어 생기는 고관절 골절이다. 골반과 두 다리의 뼈를 연결하는 부분이 고관절이다. 부위별 입원일수를 보면, 남녀 모두 고관절 골절일 때 가장 긴 것으로 나타났다. 미국에선 고관절 골절의 95퍼센트가 넘어져 발생한 것으로 조사됐다.

물론 머리뼈인 두개골 손상에 비해선 덜 치명적이다. 하지만 고관절 부위의 뼈가 부러지면 몸을 움직일 수 없다는 게 무엇보다 고역이다. 깁스 정도로 끝날 수 있는 팔다리 골절과는 차원이 다르다. 자리에서 일어나지 못하고 장기간 누워 지내야 한다. 신진대사 기능이 떨어지고 욕창이 생기기 쉽다.

몸을 제대로 움직이지 못하는 동안 다른 질병이 찾아오거나 심해져 회복 불능 상태로 바뀐다. 고관절 골절은 △면역력 저하에 따른 폐렴 등 감염질환 △운동 부족으로 인한 장 폐색 △혈전으로 인한 혈관 막힘 등의 합병증과 지병 악화를 촉발하는 뇌관이다. 1년 안에 숨질 확률이 17~33퍼센트로 알려져 있다. 곧 정년을 맞는 K 씨의 80대 아버지 또한 넘어져 엉치뼈가 부러진 것이 휠체어를 벗어날 수 없게 된 시발점이다. 치료비도 많이 드는 편이다. 50세 이상의 연간 고관절 골절 치료비는 평균 900만 원이다. 다른 부위 골절의 2~3배다.

P 부장은 몇 년 전부터 고관절과 골반 부위 근육 강화를 위한 스트레칭을 시작했다. 두 다리 사이의 각도를 180도까지 벌리는 '다리 찢기' 운동이다. 화제가 됐던 일본 여성 요가 강사의 책《아무리 뻣뻣한 몸이라도 4주 만에 다리 일자 벌리기》에서 주장하는 것처럼 효과가 금방 나는 것은 아니다. 굳은 중장년 남자의 다리인 만큼 진도가 더디다. 그럼에도 무리하지 않고 '파리 눈물만큼' 조금씩 다리를 벌려보면 변화는 확실히 느낄 수 있다.

다리를 벌리는 과정에서 척추, 엉덩이, 골반을 감싸는 '코어 근육'이 강해지는 동시에 유연성과 탄력성이 늘어난다. 고통은 적지 않았으나 지속적 운동으로 다리가 조금씩 벌어질 때 느끼는 희열은 말로 표현하기 어렵다. 튼튼해진 고관절과 골반 부위 근육은 자리보전을 막아주고, 죽기 전까지 걸어 다닐 수 있는 축복을 선사할지도 모른다.

가장 쉬운 고관절 강화법은 최고의 운동인 걷기다. 두 다리를 단단하게 지탱하고 걸어 다닐 수 있게 하는 부위가 바로 고관절이다. 걸으면서 주변 꽃나무와 풍경을 보는 틈틈이 몸의 움직임을 의식해보라. 어느 부위에 힘이 들어가고 근육이 단련되고 있는지. 발바닥부터 종아리, 허벅지, 엉덩이, 배가 당기는 느낌까지. 그럼, 걷는 맛이 좀더 생길 것이다.

인간의 마지막 존엄성은 정신과 신체의 자유에서 나온다. 되도록 오래 스스로 거동하는 것이 곧 자신의 자유와 존엄을 지키는 길이다. 평소에는 몸을 움직이고 걸을 수 있는 것이 얼마나 큰 행복인지를 깨닫기가 쉽지 않다. 공기나 물처럼 당연하게 여기기 때문이다. 거동이 힘들게 되는 순간 벼락 맞듯이 실감한다. 공짜로 주어지는 게 아니라는 사실을.

걷기는 노후의 생활 반경을 절대적으로 좌우한다. 걷지 못하면 최소한의 활동이 어려워지고 신진대사 기능이 급격히 떨어진다. 이동의 자유가 사라지고, 삶의 폭이 확 쪼그라든다. 죽을 때까지 혼자 힘으로 걷겠다는 목표 하나만 달성해도 정말 괜찮은 삶이다. 그것은 주변 사람의 수고를 크게 덜어주는 배려이기도 하다. 자존감과 함께 가족의 삶을 지키는 보루인 셈이다.

정신 줄 놓지 않으려면

★

치매 예방에 도움이 되는 여러 활동이 있지만, P 부장은
외국어 공부를 최고로 친다. 단기기억의 실종이 치매의 전형적
현상이므로 낯선 외국어 단어, 문법, 문장을 들여다봄으로써
기억 연습을 되풀이하는 것이다.

다른 사람의 돌봄을 절대적으로 필요로 하는 또 하나의 악
몽은 치매다. 치매 공포는 노이로제나 다름없다. '노인이 곧 치
매'로 등치될 만큼 그 공포가 과대 포장돼 있는 반면에, 우려에
비례할 정도의 예방 노력은 하지 않는다는 게 문제다.

나이가 들면 깜빡깜빡하는 일이 잦아진다. 기억력 감퇴다.
P 부장의 건망증도 만만치 않다. 이름을 떠올리지 못하거나 뭘
하려 했는지를 금방 까먹는 일이 흔해졌다. 특히 외국어 단어 외

우기는 정말로 힘들어졌다. 하지만 사안의 본질에 다가가거나 여러 사안을 종합적으로 보고 새로운 통찰을 얻어내는 능력은 50대에 들어 한결 나아졌다고 느낀다. 지적 능력이 결코 떨어지지 않았다는 점을 일상에서 체감한다.

　나이가 든다고 전반적 인지능력이 현격하게 떨어지는 것은 아니다. 건망증과 같은 정상적 노화와 질병인 치매는 구분할 필요가 있다. 정상적으로 나이 드는 과정에선 뇌세포 손상이 심각하지 않다는 게 여러 연구의 결론이다. 미국 버클리 캘리포니아대 실험에선, 쥐가 나이를 먹어도 대뇌껍질 신경세포의 수에 큰 변화가 없는 것으로 나타났다. "글자 그대로의 기억은 청년기가 지나면 쇠퇴하기 시작하지만, '요점 기억'은 그대로 유지되고 심지어 노년 후반에 이를 때까지 더 좋아진다"는 코넬대의 연구 결과도 있다.

　나이와 두뇌의 관계에 관한 책《가장 뛰어난 중년의 뇌》를 보면 치매의 불안을 줄이고 긍정 마인드를 갖는 데 도움이 된다. 이 책에는 나이를 먹을수록 나아지는 뇌 기능에 관한 연구 결과가 풍성하게 담겨 있다. 요약하면 △사고의 폭 △사안을 보는 관점 △문제 해결 능력이 나아진다는 것이다.

　나이가 사고력, 좀더 폭넓은 용어로는 지혜를 증진시킨다는 주장에는 생물학적 근거도 있다. 사람은 평소 뇌의 일부밖에 사용하지 않는다. 나이가 들면서 까다로운 문제를 마주치면 뇌의 한쪽만이 아니라 양쪽을 모두 사용하는 것이 관찰됐다. 무거운 물건을 들기 위해 두 손을 모두 쓰는 것과 같은 이치다.

　이런 과학적 논거를 들이댄다고 해도 치매의 공포로부터 자유로운 사람은 없다. 평균 수명은 계속 늘어나고, 뇌가 노화하면 치매에 걸리기 쉽다. 과거에는 대다수가 치매 단계에 이르기 전에 사망했다. 중앙치매센터는 2019년 기준으로, 65세 이상의 10퍼센트인 79만 명이 치매 환자일 것으로 추정했다. 2050년에는 그 수가 300만 명을 넘을 전망이다.

　김철수 의사 겸 한의사는 《나는 치매랑 친구로 산다》에서 치매는 예약된 병이라며, 가장 흔한 알츠하이머 치매의 발병률이 65세부터 5년마다 2배씩 늘어난다고 했다. 2019년 장기요양 실태조사를 보면, 요양보험 수급자의 주요 질병으로 치매(57.2퍼센트)가 고혈압(60.3퍼센트) 다음으로 많았다.

　치매가 늘어난다고 모두가 '벽에 똥칠하는' 중증 환자인 것은 아니다. 그 비중은 전체 환자의 15퍼센트 정도다. 결국 65세 이상 100명 가운데 1.5명이 중증 환자인 셈이다. 절대적으로 많은 수치라고 할 수는 없다. 게다가 중증은 85세 이상의 초고령기에 많이 나타난다. 환자의 60퍼센트 가까이는 비교적 가벼운 치매 수준이다. 예방과 조기 진단·치료에 힘을 쏟으면 중증 치매로 고통받는 기간이 길지 않을 수 있다는 의미다.

확실한 치료법이 없으니 최선은 예방이다. 음식은 몸에 좋은 것이 뇌에도 좋다. 스트레스는 줄이는 게 당연히 바람직하다. 뇌 기능이 떨어지는 것을 막기 위해선 우선 '뇌 체조'라는 두뇌 운동이 필요하다. 뇌의 인지기능을 부지런히 사용하는 것을 말한다. 구르는 돌에 이끼가 끼지 않는 법이니, 인지기능의 퇴화를 막는 게 핵심이다.

치매 예방에 도움이 되는 여러 활동이 있지만, P 부장은 외국어 공부를 최고로 친다. 단기기억의 실종이 치매의 전형적 현상이므로 낯선 외국어 단어, 문법, 문장을 들여다봄으로써 기억 연습을 되풀이하는 것이다. 외국어를 배우고 익히는 데는 암기와 이해의 합작이 필요하다.

무엇보다 외우지 못하고 까먹는 데 대한 부담이 줄어든다. 더 많이 외우면 좋겠지만, 외국어 숙달이 궁극적 목표는 아니기 때문이다. 당장 써먹거나 시험을 보는 것도 아니다. 억지로 애쓰지 않아도 되풀이해 보면 절로 입력이 된다. 외웠다가 잊어먹는 과정 자체가 좋은 인지기능 강화 훈련이다. 학습은 지식 욕구를 채워주므로 무의미한 내용의 암기나 단순 계산, 게임보다 더 건강한 자극을 준다.

이렇게 목표가 아닌 과정에 의미를 더 둘 수 있는 것은 나이가 주는 지혜다. 기억 연습을 꾸준히 하는 동안에는 치매 우려를 잊어먹고 지낼 수 있다. 공부든 대화든 인지기능이 필요한 활동이 둔화될 때 치매의 진행 속도가 빨라진다.

 뇌를 건강하게 하는 다른 방법은 운동이다. 치매 예방을 위해 '뇌 근육'을 키운다고 표현해도 무방하다. 운동, 특히 유산소운동이 뇌 기능을 강화한다는 연구 결과는 많다. 미국 임상뇌심리학회장 카렌 포스탈은《뉴욕매거진》인터뷰에서 "새로운 뇌 세포를 만들 수 있다고 알려진 유일한 방법이 유산소운동"이라고 말했다. 30~40분 운동을 하면 학습과 기억에 관련된 영역인 해마에서 신경세포가 새로 만들어진다고 한다. 운동과 뇌의 관계를 상세하게 파고든 책《운동화 신은 뇌》에는 유산소운동에 따른 인지능력 향상을 보여주는 실험 결과가 다양하게 제시돼 있다.
 걷거나 뛰면 뇌가 건강해지고, 뇌의 노화 속도가 더뎌진다. P 부장이 평소 잘 풀리지 않는 문제나 고민거리에 대한 해답을 찾았던 것은 대부분 운동하거나 잠을 자는 때였다. 뇌 세포가 가장 활성화돼 있거나 충분히 재충전됐을 시점이다. 단지 운동을 했기 때문에 기분전환이 되는 데 그치는 게 아니다. '유레카'라고 외치는 것까지는 아니더라도 해답에 가까운 생각을 정리해 돌아올 확률이 높았다. 이와 함께 같은 일상의 반복보다는 적절한 긴장이 좋다. 조금 불편하고 익숙지 않은 쪽이 머리를 더 쓰게 한다. 지나친 스트레스는 독이 되지만, 뇌를 자극하는 정도의 변화는 도움이 된다.

치매 공부가 필요한 때

✳

**치매는 거주 환경 변화에 민감하다. 낯익은 곳에서 친숙한 사람이
돌보는 것이 최선이다. 시간의 흐름에 따라 병세가 깊어지는
치매의 특성에 비춰 노부모 상태를 지속적으로 지켜볼 수 있는
주보호자를 두는 것이 바람직하다.**

노후 생활에 접어들기 시작한 5060에게 치매 대비는 먼 훗
날의 과제가 아니다. 당장 여든이나 아흔쯤 된 노부모의 정신 건
강부터 챙겨보지 않을 수 없다. 치매 지식이 전혀 없으면서 노부
모의 인지기능 이상을 제때 알아차리거나 거기에 적절하게 대
처하기는 쉽지 않다. 노부모든 자신이든 치매에 걸린 뒤 치러야
할 대가를 생각해보면 '치매 공부'는 시급한 숙제라고 하겠다.

P 부장은 지방에 사는 80대 후반 노모와 통화할 때마다 유

심히 관찰한다. 노모의 말투가 심하게 어눌해지지 않았는지, 단어 사용이나 문장 구성 등이 너무 엉망이 되지 않았는지 등. 노모와 함께 사는 여동생 가족을 통해 일상생활에 이상한 구석이 없는지도 당연히 살핀다.

한국인 치매의 70퍼센트 이상을 차지하는 알츠하이머는 20년 안팎에 걸쳐 서서히 진행된다. 그런 만큼 평소 예방에 신경쓰는 것과 더불어 이상이 생겼을 때 빨리 알아차리는 것이 중요하다. 그 시점이 늦을수록 치매가 급속히 악화하거나 난폭한 양상으로 발전하는 것을 막기 어렵다.

그동안의 연구 결과에 따르면, 알츠하이머는 뇌 속에 베타아밀로이드 같은 단백질 찌꺼기가 쌓이거나 타우단백질에 이상이 생겨 발병한다. 이들 물질로 뇌의 신경섬유가 병들고, 죽은 세포가 늘어나면서 뇌 기능이 떨어진다. 기억 이상이 두드러지기 시작하는 경도인지장애를 거쳐 치매로 변해간다. 유전적 요인이 20퍼센트, 잘못된 식생활 습관 등 후천적 요인이 80퍼센트 정도로 알려졌다. 유전의 비중이 상대적으로 낮아 그나마 다행이다. 잘 대비하면 발병 위험을 낮출 수 있다는 뜻이므로.

특히 치매 전 단계인 경도인지장애의 조기 포착이 중요하다. 이 시기에 적절한 대응을 하지 못하면 발병은 시간문제다. '치매 예비군'으로 불리는 경도인지장애 환자의 10~15퍼센트가 매년 치매 환자로 바뀐다고 한다. 2016년 국내 역학조사에 따르면, 경도인지장애 환자는 160만 명이 넘는다. 65세 이상 고령자 다섯 명 가운데 한 명꼴이다.

경도인지장애는 정상적인 건망증과 질병인 치매의 중간 단계다. 본인은 여러 가지 작은 이상을 분명히 느끼지만, 주변에서는 알아차리기 힘든 시기다. 이때는 본인 스스로 치매 가능성을 의심하면서도 그런 말을 쉽사리 입 밖에 내지 못한다. '설마 아니겠지' 하는 기대심리와 '혹시라도 치매면 어떡하지' 하는 두려움이 뒤섞여 있어서다. 증상이 뚜렷하게 드러나거나 주변에서 갸웃거려도 자존심 때문에 잡아떼기 일쑤다.

그러다가는 자신도 모르는 사이에 치매가 빠른 속도로 진행될 수 있다. 본인이 나서 진단검사를 받는 등 적극적인 태도를 보일수록 치매의 조기 발견과 후속 대응이 쉬워진다. 이전과 달리 기억, 시공간 인식, 판단 등이 흐릿해지면 주저하지 말고 중앙치매센터나 보건소 등 의료기관의 문을 두드리는 것이 좋다. 노부모의 인지기능에 이상 조짐이 보인다면 검사받도록 꾸준히 설득할 필요가 있다. 치매의 원인과 종류, 진행 과정, 증상, 검사법 등 '치매의 모든 것'은 중앙치매센터 누리집에 상세하게 나와 있다.

정도와 관계없이 인지장애라는 진단이 나오면 '돌봄 체제'를 서두르는 게 바람직하다. 노부모의 기억력과 사고력이 나아지기 힘들 것이므로 세상을 떠날 때까지 병의 악화를 멈추거나 늦추게 하는 것이 무엇보다 중요하다. 치매에는 생활 습관·환경 개선을 포함한 돌봄과 약물을 통한 치료, 두 가지 대책이 필요하다.

치매는 거주 환경 변화에 민감하다. 낯익은 곳에서 친숙한 사람이 돌보는 것이 최선이다. 치매 환자·가족을 위한 가이드북 격인 《엄마의 공책》에 따르면, 시간의 흐름에 따라 병세가 깊어지는 치매의 특성에 비춰 노부모 상태를 지속적으로 지켜볼 수 있는 주보호자를 두는 것이 바람직하다. 아마 곁에서 돌보는 가족 가운데 한 사람이 주보호자가 될 것이다. 물론 가족 모두가 논의해 돌봄 부담을 동등하게 지는 것이 전제가 돼야 한다.

치매 돌봄에서 무엇보다 필요한 것은 기다림이다. 아픈 사람이 할 수 없는 일만 도와야 한다. 돌보는 사람이 답답하다고 이것저것 다 해줘버리면 환자 스스로 할 수 있는 것(잔존 기능)까지 못 하게 된다. 자칫 학대로 이어질 위험도 있다. 마땅히 돌볼 사람이 없을 때는 요양시설의 신세를 질 수밖에 없다. 환자 삶의 질을 최우선으로 해, 돌봄 환경의 장단점을 신중하게 따져보는 것이 필요하다. 치매라고 해서 감정까지 잃는 것은 아니다.

약물치료는 전문의의 지시를 따라야 한다. 다만 대부분의 치매는 현대의학으로 완치되지 않기 때문에 좀더 섬세한 접근이 요구된다. 현재 개발된 치매 처방약은 치매 원인 물질을 제거하지 못한다. 대신 인지기능을 개선해주는 신경전달물질인 아세

틸콜린의 분해를 억제하는 기능을 한다. 간접적인 방법으로 치매 진행 속도를 늦추는 것이다.

치매약은 뇌신경에 영향을 주는 만큼 부작용도 고려해야 한다. 배회, 폭언, 공격 등 환자의 문제행동(BPSD)을 제어하기 위해 쓰는 향정신성 약물의 부작용은 더 심하다. 오랫동안 치매 환자를 진료한 일본 동네 의사 나가오 가즈히로는《치매와 싸우지 마세요》에서 "치매약을 한 알만 줄여도 딴사람처럼 건강이 회복되는 사례를 많이 봤다"며 잘못된 처방과 돌봄으로 치매가 악화할 수 있다고 경고한다.

치매 완치는 불가능해도 발병 시기와 증상 악화를 최대한 늦추면 한결 인간다운 삶이 가능하다. 그 시작은 치매 공부다. 나도 예외가 아니다. 치매 공부를 해두면 불행하게도 자신이 '치매 궤도'에 올라탔을 때 어떻게 해야 하는지 절로 알게 된다. 치매 환자나 그 가족을 보는 눈도 한결 따뜻해진다.

운동은 밥이다

★

운동만큼 확실한 '노후 투자종목'은 없다는 게 P 부장의 지론이다. 운동에 들인 시간과 에너지가 다른 어떤 것보다 가성비가 높다고 본다. "운동은 절대 손해 보는 일이 아니"며 "투자한 만큼 자신에게 돌아온다."

전문적 의학지식이 없어도 건강에 좋은 게 뭔지는 누구나 안다. 몸에 이로운 것을 먹고, 하지 말라는 것을 하지 않으면 된다. 규칙적으로 하라고, 마르고 닳도록 권하는 것이 운동이다. 운동의 이점은 차고 넘친다. 군살이 빠지고, 심장·혈관 등 내부까지 신체 전반이 튼튼해진다. 마음도 건강해지고 면역력이 높아진다. 스트레스가 해소되고 기분이 좋아지며 의욕이 솟는 즉각적 효과가 있다.

운동만큼 확실한 '노후 투자종목'은 없다는 게 P 부장의 지론이다. 운동에 들인 시간과 에너지가 다른 어떤 것보다 가성비가 높다고 본다. 김헌경 도쿄건강장수의료센터 연구부장이 쓴 《근육이 연금보다 강하다》에도 같은 취지의 얘기가 나온다. "운동은 절대 손해 보는 일이 아니"며 "투자한 만큼 자신에게 돌아온다."

유전성 질환이나 돌발 사고는 어쩔 수 없다. 운명을 거스르긴 어렵다. 그런 게 아니라면 사람의 몸은 거짓말을 하지 않는다. 땀을 흘린 만큼 몸은 보답한다. 운동은 확실하게 노후 건강을 지켜준다. 반면에 자산(주식, 부동산 등)이나 자식에 대한 투자가 노후의 안전판이 될지는 미지수다. 큰돈 들이지 않고 운동하는 방법과 공간은 많다. 개인 트레이닝을 받는 '고가의 운동'과 함께 돈이 안 드는 '집 안 운동(홈트)'이 있다. 바깥에서 걷고 뛰고, 집 안에서 팔다리를 굽혔다 폈다만 해도 운동이 된다.

나이가 들면 건강과 운동에 신경을 더 쓴다. 산, 공원, 헬스·배드민턴·탁구장 어디에나 중장년이 보인다. 그럼에도 운동량이 부족하거나 고르게 운동하지 않는 사람이 태반이다. 더욱이 운동을 기꺼이 하는 사람은 소수다. 귀찮고 따분하며 고통이 따르기도 해서다.

꼬박꼬박 챙겨먹는 밥과 대조된다. 역시 짜증스럽고 따분

156

할 때가 많지만 먹지 않고 사는 사람은 없다. 밥은 한 끼라도 거르면 곧바로 몸에서 신호를 보내온다. 배고픔은 견딜 수가 없다. 반면에 운동을 하지 않는다고 당장 무슨 일이 생기지는 않는다.

몸이 찌뿌듯하거나 뻑적지근하면 운동이 당기긴 하지만 일시적이다. 절실하지는 않다는 것이다. 운동을 못 하는 나름의 이유가 있고 핑계도 많다. 무의식적 본능인 식욕과 달리 운동 욕구는 노력을 요구한다. 본인이 절박한 필요성을 못 느끼면 누가 뭐라고 해도 '소 귀에 경 읽기'다.

건강은 잃고 나면 회복이 어렵다. 고통은 온전히 자신이 감당해야 한다. 누가 대신 아파줄 수 없다. 돈을 줘 바꿀 수 있는 것도 아니다. 약이나 치료법만으로 해결되지 않는다. 지킬 수 있을 때 지켜야 노후가 덜 힘들다. 더 늦기 전에 절실해야 하는 이유다. 해답은 생각을 바꾸는 데 있다. 날마다 끼니를 거르지 않듯이 운동을 빼먹지 않겠다고 마음먹는 것이다.

머리가 절실하게 깨달았다고 몸이 따라주는 게 아니다. 버릇을 들이는 단계가 필요하다. 버릇이 되면 굳이 의지를 내거나 의식하지 않고도 운동을 하게 된다. 밥이 그렇다. 밥을 의식적으로 먹지는 않는다. 때가 되면 별 생각 없이도 밥을 차리고 먹는다.

밥 먹는 시간처럼 운동하는 시간도 정해놓는 게 좋다. 하루의 일정 시간을 무조건 운동에 투입하는 것이다. 시간을 따로 내서 하는 게 아니라 밥 먹고 똥 누는 것처럼 그냥 운동하는 것이다. 본격적인 노후 준비를 한다는 것은 운동을 밥 먹듯이 하는 라이프 스타일로 바꿀 때가 됐다는 얘기다. 하루 생활에서 운동이 '변수'가 아니라 '상수'가 되도록 하는 것이다.

P 부장은 운동으로 하루를 연다. 50대 중반으로 접어들면서 일찍 깨기 시작한 게 가장 큰 이유다. 나이 탓인지 아침잠이 줄어든 것이다. 운동하기에 제격이었다. 물론 며칠씩 빼먹을 때도 있다. 일어났다가 다시 이불 속으로 들어가기 일쑤고, 옷까지 갈아입은 뒤 소파에 널브러지기도 했다.

새벽에 침대가 끌어당기는 힘은 중력의 수십 배로 다가온다. 아침마다 '일어나느냐, 마느냐' 하는 '햄릿의 번뇌'에 시달리며 하루하루 움직이다 보면 어느새 습관이 만들어진다. 1년, 2년 시간이 갈수록 번뇌의 무게는 줄어들고, 현관문을 나서는 확률은 높아진다. 부근 안산을 다니다 아파트의 헬스장이 문을 연 뒤로는 헬스로 방향을 틀었다. 산을 오르는 것보다는 시간이 적게 들고 여러 운동을 하는 장점이 있어서다. 주말 등산으로 헬스장의 단점을 보완한다. 코로나19 사태가 터진 뒤로는 '홈트'다.

P 부장은 평균 하루 한 시간 반을 운동에 투자한다. 하루 30분이라는 일반적 권고보다는 훨씬 많은 시간과 에너지를 들인다. 이렇게 한 지 몇 년 됐다. 회사를 다니는 동안만이 아니라 퇴직 이후도 고려했다. 아침 헬스장 운동이 한 시간이다. 러닝머신

에서 빠른 걸음(시속 6~7킬로미터)으로 20분 걷는 유산소운동과 40분 동안 하는 턱걸이·윗몸일으키기 등 근력운동으로 구성된다. 저녁에 30분 남짓 스트레칭을 한다. 운동 중에 텔레비전, 유튜브, 음악을 곁들인다. P 부장의 기본 운동 매뉴얼이다.

P 부장이 각별히 신경 쓰는 것이 근력운동이다. 유산소운동이나 스트레칭에 비해 소홀히 하기 쉬워서다. 집에 있을 때는 간식 먹듯이 팔굽혀펴기와 다리굽혀펴기(스쿼트)를 한다. 이 둘은 맨몸으로 가능한 상체와 하체 운동의 기초다. 힘들지만 짧은 시간에 많은 운동량을 확보하는 방법이다. 근육은 삶의 질과 밀접하게 연관된다. 큰 힘을 쓰지 않더라도 제대로 움직이려면 어느 정도의 근육이 필요하다. 근력운동 때 생성되는 여러 단백질이 근육을 만들고 키우는 재료가 된다.

무엇보다 뼈를 단단하게 받쳐 고관절 골절과 같은 결정적 부상을 막아준다. 약해진 뼈를 지키는 수호천사다. 철근을 에워싸고 건물 전체를 지탱하는 콘크리트처럼. 평소의 근력운동은 사고 때 빛을 낸다. 근육이 신체를 잘 받쳐주면 디스크나 두통과 같은 만성병도 덜하다.

인체의 대사활동은 나이가 들면 근육보다 지방이 늘어나는 방향으로 진행된다. 보통 사람이라면 쉰이 넘어가면서 근육이 해마다 1~2퍼센트 줄어든다. 10년이면 평균 4킬로그램 정도 감소한다. 지방 1킬로그램을 근육으로 바꾸는 것은 어지간한 운동으로 되지 않는다. 가만히 있으면 근육이 쑥쑥 달아난다. 다리에 깁스를 해 한동안 움직이지 못한 사람은 다리가 홀쭉해진 것을 금방 안다.

더 중요한 것은 인체 내부 구석구석의 보이지 않는 근육이다. 근육은 신진대사 과정에서 가장 효과적으로 칼로리를 태우는 내연기관 기능을 한다. 지방이 칼로리의 저장고라면, 근육은 남아도는 칼로리를 소비하는 엔진이다. 근육이 필요량에 못 미치면, 더 많은 칼로리가 지방으로 바뀐다.

운동을 꾸준히 한 사람과 그렇지 않은 사람의 차이는 나이가 들면서 확연하게 드러난다. 겉모습보다 보이지 않는 인체 내부 기능에서 그 격차가 훨씬 뚜렷하다. 운동은 그 어떤 건강 보조 식품이나 노화 방지 약품보다 효과가 나을뿐더러 부작용이 적다. 운동의 일상화야말로 당장 시작해야 할 노후 준비의 첫걸음이라고 P 부장은 확신한다.

오른손이 하는 일을 왼손도 하게 하라

✳

한쪽만 줄창 부려먹은 부작용은 천천히 나타난다. 어깨에서
손끝으로 이어지는 근육, 신경, 인대, 힘줄, 관절의 통증이
대표적이다. 여기에 목이나 허리의 디스크까지 겹치면 정말로
고통스럽다. 한쪽은 닳고 닳아 죽어나는데 다른 쪽은
무기력하게 방치돼 있는 셈이다.

컴퓨터로 글을 손질하는 게 주 업무인 P 부장은 마우스를
왼손으로 조작한다. 벌써 몇 년 됐다. 마우스를 움직일 때 오른
팔과 손가락의 신경에서 미세한 통증을 느낀 게 계기였다. 사무
직 등 컴퓨터 작업을 많이 하는 사람들이 흔히 겪는 VDT 증후
군의 하나다.

컴퓨터를 사용하는 시간이 아주 긴 편은 아니었으나 집중

과 몰두가 필요할 때는 어쩔 수 없었다. 불쾌하고도 찌릿한 그 느낌은 조금씩 심해졌다. 특히 검지를 빠르게 두 번 누르는 더블 클릭을 하는 순간 오른쪽 목과 어깨부터 손가락 끝까지 타고 내려가는 신경이 민감하게 반응했다.

응급처방으로 왼손에게 마우스를 맡기자 처음에는 아주 어색했다. 급할 땐 오른손이 먼저 나갔다. 더디게 적응하기 시작한 왼손은 그리 오래지 않아 자연스럽고 편하게 움직였다. 요즘은 왼손을 쓰고 있다는 사실을 잘 의식하지 못한다. 이따금 왼손가락에 들어가는 힘의 세기와 누르는 속도의 조절이 오른쪽만큼 정교하지 못해 노트북 화면이 엉뚱하게 바뀌는 일을 빼면.

손흥민처럼 좌우를 가릴 것 없이 강력한 슛을 날릴 수 있는 축구선수는 흔치 않다. 보통 사람은 대부분 좌우 한쪽을 집중적으로 사용한다. 대부분 오른쪽이다. 오른손으로 밥을 먹고, 글씨를 쓰고, 화장실에서 뒤를 훔치는 데 익숙해졌다. 무의식적으로 그렇게 해왔고, 그것이 효율적이고 자연스러웠다. 공부든 일이든 빠르고 정확하게 해내는 데는 그런 숙달된 손놀림이 절대적으로 필요했다. 다른 손이 뭐하고 있는지 생각할 여유도, 그럴 필요도 없었다. 그 결과 오른손이 프로선수라면, 왼손은 갓난아기 수준이다. 왼손잡이는 정반대고.

이렇게 한쪽만 줄창 부려먹은 부작용은 천천히 나타난다. 어깨에서 손끝으로 이어지는 근육, 신경, 인대, 힘줄, 관절의 통증이 대표적이다. 여기에 목이나 허리의 디스크까지 겹치면 정말로 고통스럽다. 한쪽은 닳고 닳아 죽어나는데 다른 쪽은 무기력하게 방치돼 있는 셈이다.

P 부장은 왼손 마우스 사용을 통해 오른손의 부담을 크게 덜었다. 컴퓨터 작업이 많을 때는 왼손으로 오른쪽에 있는 키들을 누르기도 한다. 이 글을 작성하는 순간에도 마찬가지다. 신경이든 관절이든 잦은 사용으로 인해 생기는 통증이나 질병에는 달리 해결책이 없다. 되도록 적게 쓰는 수밖에. 그러려면 작업의 부담을 양쪽으로 분산하는 게 최선이다.

마우스 사용으로 '균형의 세계'에 입문한 P 부장의 왼손 훈련은 일상생활로 조금씩 그 범위를 넓혀가고 있다. 방법은 간단하다. 으레 오른손이 하던 일을 왼손에게 맡겨보는 것이다. 가방을 들 때, 바닥에 떨어진 물건을 주울 때, 문을 열 때, 청소기를 돌릴 때 자동적으로 나가던 오른손을 멈추고 왼손을 쓴다. 의식하지 못하면 할 수 없지만 생각이 들면 왼손을 앞세운다.

이런 시도는 마음만 먹으면 언제든 해볼 수 있다. 고급 단계는 왼손으로 정교한 동작을 하는 것이다. 젓가락 사용, 글쓰기, 칼질 등이다. 느긋하게 밥을 먹을 때 젓가락을 왼손으로 쥐고 손가락을 움직여보라. 오른손의 움직임을 그대로 모방하면 조금씩 틀이 잡히고 낯선 느낌이 줄어든다.

왼손이 서툴게나마 이런 동작을 하나씩 해낼 때는 예상치 못한 만족감도 든다. 작지만 새로운 도전에 성공했다는 뿌듯함이다. 아기가 일어서고 걷기 시작하는 걸 지켜볼 때처럼. 모든 게 심드렁해지는 노후에 어렵지 않게 새로운 자극을 줄 수 있는 방법이다.

P 부장은 왼손으로 글쓰기를 자주 한다. 눈에 보이는 대로 삐뚤빼뚤 따라 적기도 하고, 좋은 시나 글귀를 택해 이면지 위에 정성 들여 쓸 때도 있다. 선 긋기 연습은 지난 잡지 그림의 윤곽선을 따라 한다. 종이에 한 땀 한 땀 '글자 수'를 놓거나 차분하게 선을 긋다 보면 마음이 느리게 움직이고 생각이 깊어진다.

왼쪽 다리를 튼실하게 하는 데 여러 방법이 있겠지만, P 부장에겐 제기차기가 도움이 됐다. 양발 차기를 하면 양쪽 다리를 번갈아 들 수밖에 없다. 별거 아닌 동작 같지만 5분만 차도 땀이 난다. 왼발로만 제기를 차면 더 효과가 있다. 한 번에 차는 횟수가 늘어나면서 재미가 붙는다. 제기차기는 아주 좁은 공간에서도 할 수 있는 재미있는 운동이다.

왼쪽도 계속 사용하면 글쓰기든 칼질이든 제기차기든 점점 익숙해진다. 확실히 근육이 늘고 힘도 생긴다. 왼쪽의 활용 범위가 갈수록 늘어난다. 그러면서 신체의 균형이 조금씩 바로잡힌다. 신체의 균형은 낙상 사고의 위험을 줄이는 데 특히 중요하다. 방치된 부위를 강화한 만큼 부상 정도가 작다. 일을 도맡아온 오른손을 움직이지 못하는 상황이 닥쳐도 빠르게 대처할 수 있다. 그만큼 주변 사람에게 덜 기대게 된다.

나이 든 지금이 신체의 효율에서 균형으로 무게중심을 옮길 때다. 예전만큼 업무와 일상에서 속도를 요구받지 않는다. 쓰지 않던 쪽의 서툰 동작과 일처리를 기다려줄 마음의 여유가 있다. 틈 날 때마다 연습하다 보면 어느새 많이 달라진 자신을 발견하게 된다. 선택은 각자의 몫이다.

균형에 관련된 이야기 하나 더. 신체 평형감각에 이상이 생기면 어지럽고 제대로 서 있기 힘들다. 대표적인 것이 이석증이다. 귀 전정기관의 이석(석회 성분)이 떨어져 반고리관에 들어간 뒤 감각세포를 자극함으로써 생기는 심한 어지럼증이다. P 부장은 아침에 침대에서 일어나다 갑작스러운 어지럼증으로 바닥에 쓰러진 적이 있다. 몸을 바로잡으려다 두 차례 더 엉덩방아를 찧고 말았다. 더는 견디기 힘들어 구급차를 불렀고 인근 대학병원 응급실 신세를 졌다. 뼈와 근육이 약해진 건 아니어서 다른 피해는 없었다.

왼쪽 귀에서 문제가 생겼다. 이론적으로는 이석증을 알고 있었으나 막상 닥쳐 주변이 빙글빙글 도니 어찌할 바를 몰랐다. 심한 어지럼이 뇌의 종양이나 혈관 이상 때문이 아니라고 확신하지 못해 자기공명영상(MRI)까지 찍지 않을 수 없었다. 제대로 알았더라면 가까운 동네 이비인후과에서 진료를 받아보고 후속 대응을 했을 것이다.

　간단한 자가 치료법도 있다. 유튜브 동영상을 검색해 한번쯤 봐두면 응급실로 실려 가는 소동을 피할 수 있을 것이다. 가장 좋은 예방법은 머리의 평형감각 단련이다. P 부장이 전문의한테 받은 운동처방은 날마다 △고개를 좌우로 흔드는 도리도리를 앉아서, 누워서 20회씩 △윗몸일으키기를 오른쪽과 왼쪽을 보면서 각각 5회씩 하는 것이다. 양쪽의 횟수가 같아야 한다. 아기들처럼 도리도리를 자주 하면 목 건강에도 도움이 된다.

2C를 지켜라

★

**치료법의 종류와 상관없이 척추 질환의 주범이 잘못된 자세라는
데는 이견이 없다. 수술까지 해서 상태가 나아졌다 해도
자세가 엉망이면 말짱 도루묵이다. 그 부위가 다시 나빠지거나
위아래에서 이상이 생긴다.**

나이가 들면 힘든 일을 하지 않아도 몸 여기저기가 뻐근하
고 결린다. 가장 흔한 원인이 디스크라고 줄여 말하는 척추 추간
판(디스크) 탈출증이다. 의자에 앉아 있는 시간이 긴 수험생과 사
무직 노동자 등 젊은 환자도 많다. 스마트폰의 일상화로 디스크
질환에 걸리는 시기는 갈수록 빨라진다.

P 부장은 30년 전인 20대 후반에 유명 대학병원에서 허리
디스크 판정을 받은 적이 있다. 간단한 검사 뒤 곧바로 수술 날

짜를 잡자는 얘기를 들었다. 얼버무리듯 대답을 하고는 두 번 다시 가지 않았다. 대신에 평소 자세를 바로잡으려 애쓰고, 무리 없이 척추 주변 근육을 강화하는 수영을 꾸준히 했다. 이후 회복된 허리에는 별다른 이상이 생기지 않았고, 지금까지 큰 탈 없이 지내고 있다.

그런데 요즘은 목 부위가 말썽이다. 뻑적지근하고 쑤시기는 등에 튀어나온 견갑골(날개뼈) 아래쪽이 훨씬 심하다. 근육통인가 하고 마사지, 스트레칭 등으로 근육을 풀어보았으나 나아지지 않아 병원을 찾았더니 목이 문제였다. 목 디스크 또는 척추관이 좁아진 협착 때문에 생긴 '방사통(퍼지는 통증)'이라는 진단이다.

경추(목뼈) 디스크에서 신경이 눌리거나 염증이 생기면 통증이 등과 어깨, 팔, 손으로 전달된다. 요추(허리뼈)에서 문제가 생기면 허벅지와 종아리, 발끝까지 저리고 아프다. 목이나 허리와 무관해 보이는 통증 가운데 척추 디스크가 원인인 게 의외로 많다.

2019년 건강보험심사평가원 통계를 보면, 근골격계 질환으로 병원을 찾은 사람이 세 명에 한 명꼴이다. 10년 전에 비해 30퍼센트 이상 늘었다. 50대는 전체 보험 대상자의 47퍼센트, 60대는 57퍼센트다. 대한민국 5060의 절반 정도가 근골격 통증으로 병원 신세를 졌다는 얘기다.

이 가운데 목과 허리의 통증을 비롯해 척추와 관련된 환자가 40퍼센트 이상으로 가장 많았다. 일상의 불편과 육체적 고통을 주는 데다 적잖은 치료비를 까먹으니 척추 관리에 방심은 금물이다. P 부장처럼 가족력이 있는 사람은 더욱 그렇다.

지구는 초속 30킬로미터로 태양 주위를 돌고, 초속 465미터로 하루 한 바퀴씩 자전한다. 이 지구에 사람이 발을 붙이고 살 수 있는 것은 중력 덕택이다. 동시에 중력의 끌어당기는 힘을 견뎌내야 생존이 가능하다. 네 발 짐승에 비해 직립보행을 하는 사람에게 중력은 더 무겁게 작용한다. 머리와 상반신을 척추가 온전히 떠받쳐야 하기에 디스크 질환은 어찌 보면 인간의 숙명 같은 것이다. 두 손이 자유로워 두뇌 기능이 발달한 대가인 셈이다.

척추 디스크는 몸의 충격을 흡수하고 완충작용을 하는 게 임무이니 무릎 관절처럼 다치기 쉽다. 외상이 없더라도 10대 후반부터 디스크의 탄력이 줄어드는 퇴행이 일어난다고 한다. 볼링공 무게(약 5킬로그램)의 머리를 떠받치는 경추와 상반신을 지탱하는 요추의 아랫부분이 가장 위험하다.

머리 무게가 얼마나 무거운지는 5킬로그램짜리 아령을 들고 있어 보면 쉽게 알 수 있다. 목을 앞으로 기울이면 무게감이 20킬로그램까지 늘어난다. 그 무게에 눌려 디스크의 수핵이 바깥으로 삐져나오고, 주변 인대와 근육이 경직된다. 디스크 질환에 좋은 운동이 수영인 것도 물의 부력이 중력의 대부분을 덜어주기 때문이다.

거북이 목을 하고, 어깨와 허리를 구부정하게 말아 컴퓨터나 스마트폰을 들여다보는 시간이 급증해 디스크 손상은 더 잦다. 디스크 질환은 나았다가도 자만하면 언제든 찾아온다. 방치하면 고통이 심해진다. 척추 디스크는 다쳤다가 아물기를 되풀이하면서 노화한다. 척추관을 둘러싼 관절, 인대도 마찬가지다. 퇴행성 질환의 단계로 들어서는 것이다. 나이가 들수록 노화 정도는 심해지고 근육은 줄어든다. 중력을 감당하기가 더 힘들어져 고통이 커진다.

치료법은 크게 3단계로 나뉜다. 어느 것도 확실한 해결책이라고 말하기는 어렵다. 1단계에선 약물(소염진통제, 근육이완제)이나 물리(도수, 전기, 온열, 충격파)치료로 뭉친 근육을 풀고, 염증을 줄인다. 침, 추나 등 한방 치료도 있다. 이 단계에서 통증이 상당 부분 사라진다면 정말 다행이다.

2단계(주사치료)는 강력한 염증 제거 작용을 하는 스테로이드 주사를 놓는 시술이다. 통증 완화의 강도를 높인 것이다. 부작용 때문에 자주 맞을 수 없고, 효과를 보지 못하는 사람도 있다. P 부장은 심한 통증이 아니었음에도 약물이 듣지 않아 스테로이드 주사를 한 차례 맞았다. 주사의 효과는 분명했으나 얼마 가지 않았다.

마지막 선택지는 수술이다. 신경을 누르는 디스크 수핵이나 뼈 등을 제거하는 게 핵심이다. 재발과 부작용 우려가 있다. 나이 들어선 수술이 쉽지도 않다. 특히 목 부위는 근육이 현저하게 약해지거나 마비가 심하지 않은 한, 병원에서도 권하지 않는다. 수술 뒤에도 통증이 해소되지 않으면 노화돼 어쩔 수 없다는 설명이 따라온다.

아픈 사람을 더 곤혹스럽게 하는 것은 치료법을 둘러싼 엇갈린 주장이다. 양방과 한방은 말할 것도 없고, 종합병원 전문의들 사이에서도 생각이 상당히 다르다. 그러다 보니 '용하다는 데'를 찾아다니느라 심신을 더 힘들게 하고 돈과 에너지를 허비하는 사람이 적지 않다.

게다가 비슷한 정도의 척추 이상이 MRI를 통해 확인돼도 사람마다 느끼는 통증에는 편차가 크다고 한다. 다양한 사람의 치료법을 하나의 잣대로 판단하기 어려울 수밖에 없는 것이다. 《백년 허리》와 《백년 목》의 저자인 정선근 서울대 재활의학과 교수는 디스크 수술이 아닌 자연 치유를 역설하면서 의사들을 '코끼리를 만지는 장님'에 비유하기도 했다.

치료법의 종류와 상관없이 척추 질환의 주범이 잘못된 자세라는 데는 이견이 없다. 수술까지 해서 상태가 나아졌다 해도 자세가 엉망이면 말짱 도루묵이다. 그 부위가 다시 나빠지거나 위아래에서 이상이 생긴다. 원래의 생김새에 따라 곧은 자세를 오래 유지하는 건 결코 쉽지 않다. 중력 때문에 힘이 들어서도, 따분해서도 이리저리 몸을 뒤틀고 만다.

목뼈에서 꼬리뼈로 이어지는 척추는 목과 허리 부위에서 완만한 C자 모양을 그린다. 두 개의 C자다. 벽에 머리·어깨·엉덩이·뒤꿈치를 붙이고 서보면 금방 안다. 사람의 자세는 언제든 흐트러지므로 눕든, 앉든, 서든 틈나는 대로 이 모양을 의식해 바로잡는 게 좋다.

P 부장은 책상 컴퓨터 앞에 앉아 일할 때 '50분 과업에 10분 쉬어'를 하듯이 시간 단위로 몸을 푸는 것을 철칙으로 삼는다. 다른 이의 눈길이 없을 때는 불편하지만 손을 들어 스마트폰을 눈높이 이상으로 유지하려 한다. 잠자리에서도 목의 굴곡에 맞는 베개 등을 사용한다.

앞으로 숙인 채 오래 있기 쉬운 목은 펴주는 것만으로도 운동이 된다. 아프지 않을 만큼 고개를 뒤로 젖히는 아주 간단한 동작이다. 양팔을 어깨 높이로 들고 고개를 젖히면 더 효과적이다. 여러 치료법을 시도했던, P 부장의 직장 동료 K 씨는 이런 목 운동으로 통증의 90퍼센트가 가셨다고 한다. 그는 거북목(일자목)으로 "오른쪽 등과 어깻죽지가 칼에 찔린 듯 아프고, 팔뚝·손등·손가락이 심하게 저려 밤에 잠을 자기 힘들 정도의 고통"을 겪었다.

P 부장은 고개와 가슴을 펴고 두 손으로 허리를 앞으로 미는 동작도 자주 한다. 일상에서 바른 자세를 유지하려 조금만 더 신경 쓰고 고개와 허리를 한 번이라도 더 펴면 노후의 행복지수가 올라간다.

병과 친구하는 법

★

왜 빨리 낫지 않나 하고 조급해하면 더 힘들어진다. 다른 질병도
둥지를 틀고 있을 터이므로 몸 전체를 바라보며 해법을 찾는
진득함이 필요하다. 짜증나는 친구이지만 사고를
더 치지 않도록 잘 달래는 게 바람직하다. 생을 마감할 때까지
관계가 더 나빠지지 않도록 관리하는 것이 차선책이다.

좋은 식습관과 운동 등으로 노력을 한다고 해서 병에 걸리
지 않는 것은 아니다. 그 확률이 줄어들고 발병 시기가 늦어질
뿐이다. 나이가 들면 누구나 몇 가지 질병과는 '동행'하게 된다.
'종합병동'이나 다름없는 사람도 드물지 않다. 질병에는 감기처
럼 간헐적으로 찾아오는 놈도 있고, 지긋지긋하게 동거하는 난
치병도 있다. 신체의 노화, 퇴행과 맞물린 고혈압과 당뇨, 심혈

관계 질환은 기본에 해당한다. 생사고락은 이런 질병이 얼마나 많고 고통스러운지, 치명적인지에 달렸다고 할 수 있다.

몸에 나쁜 생활을 고집하면서 "이렇게 살다 일찍 죽고 말지"라고 말하는 사람을 주변에서 흔히 본다. 살 만큼 살았으면 언젠가 죽을 터이니 그 시기가 문제는 아니다. 죽음으로 가는 과정의 육체적, 정신적 고통이 두려운 것이다. 예를 들어, 암에 걸렸다고 금방 삶을 포기하는 사람은 없다. 성공 여부를 떠나 치료에 안간힘을 쏟는다. 그것이 얼마나 힘든지는 다들 잘 안다. 몸을 방치하는 것은 인생의 마지막 행로를 훨씬 고통스럽게 할 우려가 크다. 그래서 평소에 잘 관리하라고 하는 것이다.

P 부장은 어릴 때부터 잔병치레가 잦았다. 기생충도 없는데 햇볕만 좀 오래 쬐면 얼굴이 노래졌다. 약골에 구토와 멀미도 심심찮았다. 그것이 큰 병을 막아준 '액땜'이었는지 모른다. 다른 사람보다 더 건강에 관심을 쏟고 운동을 꾸준히 하지 않을 수 없었으니까. 일찍 세상을 떠난 친구들도 있지만, 그는 지금껏 큰 수술을 받거나 병원에 며칠씩 입원한 적이 없다. 운동을 많이 하는 사람 가운데는 어릴 때 몸이 허약했다고 털어놓는 이들이 적지 않다. 건강 자만만큼 어리석은 것도 없다.

몸 관리의 출발점은 자신의 상태를 제대로 아는 것이다. 건강검진이 그 기능을 한다. 직장에선 의무화돼 있고, 퇴직 뒤에는 지역건강보험을 통해 무료검진을 받을 수 있다. 별다른 신체 증상이 없더라도 건강검진은 피할 이유가 없다. 일부 추가 비용이 드는 검사는 이상 징후가 있을 때만 하면 된다. 췌장암과 대장암 같이 뚜렷한 증상이 나타나지 않는 암을 초기 단계에 발견하는 데는 정기적 검진이 도움이 된다.

P 부장의 직장 동료 J 씨는 대장암이 3기까지 진행된 사실을 뒤늦게 확인하고 항암치료에 들어갔다. 평소 담배를 피우지 않고 등산도 자주 하는 등 건강한 생활을 하던 사람이다. 그 때문인지 10년 넘게 건강검진을 받으면서도 대장 내시경 검사는 하지 않았다. 딱히 다른 증상이 없어 암 발병을 초기에 알아차리지 못했다.

건강검진에서 모호한 결과가 나오면 의사가 정밀검사를 받으라고 권고해 신경이 쓰이기도 한다. 너무 민감하게 반응할 필요는 없다. 위험을 선제적, 적극적으로 경고하는 게 건강검진의 목적이다. 비용이 많이 추가되는 정밀검사를 반드시 받아야 한다기보다 위험을 낮추는 노력을 더 해야 한다는 신호로 받아들이는 게 좋다.

P 부장은 암과 관련한 종양표지자검사의 수치가 표준구간을 약간 넘은 적이 있다. 신경이 쓰이긴 했으나, 식습관 등에 좀 더 주의를 기울여 이듬해 무사 통과했다. 건강검진 결과는 '건강 성적표'인 셈이다. 문제가 생겼거나 생길 수 있는 신체 부위를

가늠하는 잣대다. 낙제점(이상 판정)을 받지 않았다고 해서 방심하는 것은 곤란하다. 검진 결과가 건강하지 못한 생활을 계속해도 괜찮다는 면죄부는 아니다.

나이 들면 질병의 방문이 잦다. 그 병을 대하는 자세와 치료법은 젊을 때와 사뭇 다르다. 어린이나 20·30대가 암에 걸렸다면 별다른 고민이 필요 없다. 항암제, 방사선, 수술이라는 3대 치료법이 암의 진행 단계와 환자의 건강 상태에 맞춰 적용된다. 그러나 60·70대 암환자라면 신중하게 선택하지 않을 수 없다.

나이 든 사람이 항암치료를 견뎌내는 것은 쉽지 않다. 무한 증식을 하는 암세포를 잡기 위해 투입하는 약물은 면역력이 떨어진 몸을 초토화한다. 암과 같은 난치병은 물론이고, 대부분의 성인병이 오랜 삶의 부산물이다. 어느 날 독한 약을 쏟아붓고 문제의 부위를 도려낸다고 해서 깔끔하게 해결될 성질의 것이 아니다.

왜 빨리 낫지 않나 하고 조급해하면 더 힘들어진다. 다른 질병도 둥지를 틀고 있을 터이므로 몸 전체를 바라보며 해법을 찾는 진득함이 필요하다. 짜증나는 친구이지만 사고를 더 치지 않도록 잘 달래는 게 바람직하다. 생을 마감할 때까지 관계가 더 나빠지지 않도록 관리하는 것이 차선책이다. 그것이 나이 든 이의 존엄성을 지키고 비용도 적게 드는 '인간적 치료법'이다.

나이 든 사람의 지나친 병원과 약 의존에 경종을 울리는 이들이 적지 않다. 병원은 치료를 목적으로 하는 곳이지만, 병을 가진 사람이 모이기에 감염 가능성이 높기도 하다. 응급 상황에선 어쩔 수 없지만, 자주 가지 않는 게 좋다. 면역력이 떨어졌을 때 다른 병원균의 공격을 받으면 합병증으로 발전한다.

게다가 치료 기술의 세분화, 전문화는 몸 전체를 하나로 인식하는 통합적 접근을 가로막는다. 담당 의사는 아무래도 자신이 맡은 부분 이외에는 관심을 쏟기 어렵다. 치료 도중 신체 다른 부위가 받을 타격에는 둔감하기 쉽다는 얘기다. 또 약의 구실은 대부분 증상 완화에 치우쳐 있고, 화학물질인 약은 언제나 부작용을 동반한다.

그래서 예일대 공공보건학 명예교수인 로웰 레빈은 병원과 약국을 '필요악'이라고 말한다. 공적 건강보험 등으로 병원과 약국을 쉽게 찾을 수 있는 자유는 누려야 하지만, 되도록 가까이 하지 말라고 충고한다. 응급 상황 때 병원 가기가 어렵지 않은 정도면 충분하다. 자주 응급실을 방문해 첨단 기술을 동원한 검사와 처방을 받는 것은 스트레스를 높이고 노후 자금을 허비시킬 뿐이다.

'명의'일수록 겸허하게 말한다. 병은 환자 스스로가 치유하는 것이며, 의사는 길잡이일 뿐이라고. 대형 병원은 치료의 질은 높겠지만, 삶의 질을 높일 수 있는 데는 결코 아니다. 음식, 운동,

스트레스 조절로 꾸준히 몸을 관리하는 것이 가장 안전하고 덜 아픈 방법이다. 고맙게도 나이는 질병에 따른 고통과 불편을 받아들이는 지혜와 관리·적응 능력을 길러준다. 나이가 들면 질병과 함께 살아가는 데 더 빨리 익숙해진다.

세로토닌 예찬

★

**햇볕, 운동 그리고 적절한 탄수화물과 식물 단백질 섭취가
세로토닌 친화적인 생활 습관이다. 이 세 가지를 염두에 두면
반갑지 않은 손님인 우울을 줄일 수 있다. 그럼에도 찾아오는
우울은 상담이나 약으로 통제하면 된다. 무엇보다 중요한 것은
우울증에 죄의식을 갖지 않는 것이다.**

이제 '마음의 병'을 들여다볼 차례다. 인생의 내리막길로 접
어드는 시기가 밝고 활기차기는 어렵다. 마땅한 대책 없이 맞이
하는 노후는 더욱 우울할 수밖에 없다. 몸도 그렇지만, 마음이
더 병들기 쉬운 시기다. 나이 든 사람의 우울에는 생물학적 요소
도 작용한다.

특히 2020년대 한국은 울화를 권하는 사회다. 괜찮은 일자

리는 급속히 줄어들고, 먹고살고 애 키우기는 힘들다. 집값 폭등과 극심한 경제적 불평등, 반칙, 부패는 평범한 사람도 화병이 나기 좋을 정도다. 한국은 선진국인 경제협력개발기구(OECD) 회원국 가운데 자살률 1위다. 한국 노인의 자살률은 빈곤율과 함께 압도적 1위다. 2019년 국민건강보험공단 진료 현황을 보면, 60대 이상이 우울증 환자의 40퍼센트를 넘는다. 나이가 많을수록 그 비중이 높다. 고령화의 진행에 따라 환자의 수가 갈수록 늘어난다.

우울증이나 공황장애와 같은 마음의 병이 보편화한 지는 오래됐다. 고흐, 슈베르트, 헤밍웨이 등 우울을 창조로 승화시킨 예술가도 적지 않다. 그럼에도 우울증을 대단한 정신장애나 질환으로 오해하는 사람이 여전히 많다. 어두운 이미지가 지배적이다. 병원 문을 두드리기를 꺼려하는 것도 그 때문이다. 정신건강을 지키는 첫걸음은 우울의 실체를 아는 것이다.

P 부장이 처음 정신과를 찾은 때는 2005년 무렵이다. 일본 주재원으로 가족과 함께 도쿄에서 살던 시절이었다. P 부장의 원래 성격이나 생활방식은 우울의 습격을 받기 쉬운 편이었다. 자책과 강박이 평균을 웃돌고 자기만의 시간을 선호한다. 다니는 회사의 사정이 어려워지고, 터놓고 얘기할 만한 사람이 별로 없는 외국 생활이라는 당시의 환경적 요소도 한몫했을 수 있다.

우울증에 딱 들어맞는 여러 정신적, 육체적 고통을 견디다 못해 일본인 의사를 찾아갔다. 일본어로 자신의 상태를 설명하고 처방을 받는 것이 쉽지 않았지만 달리 방법이 없었다. 그렇게 시작한 항우울제와의 동행이 벌써 15년을 넘겼다.

사람에 따라 증상과 강도는 제각각이지만, 꾸준히 약을 먹으면 1년 안에 완치라는 '졸업장'을 받을 수 있다고 한다. 불행하게도 P 부장은 그렇지 못했다. 힘들 때도 적지 않았지만 생활에 별문제가 없게 된 지 오래다. 세상이 특별히 더 어두워 보이는 것도 아니고 객관적 상황도 그리 나쁘지 않다. 정신과를 찾아도 털어놓을 만한 고민이 없어 의사와 몇 마디 나누지 않고 진료가 끝난다.

그런데도 약 복용을 중단하면 며칠 만에 어김없이 불편한 증상이 나타난다. 의사조차 도대체 이유를 모르겠다며 고개를 갸웃거린다. 결국 그는 항우울제를 고혈압 약이나 비타민제처럼 생각하고 먹는다. 화해와 공존을 선택한 것이다. 항우울제에 중독성은 없고, 복용량이 워낙 적어 부작용도 미미하다.

P 부장이 먹는 약은 '선택적 세로토닌 재흡수 억제제(SSRI)'다. 가장 널리 처방되는 항우울제다. '행복 호르몬'으로 불리는 신경전달물질 세로토닌이 신경세포에 다시 흡수되는 것을 막아 세로토닌을 늘리는 효과를 낸다. 진료비와 약값을 합쳐도 비타민 보충제의 가격과 별반 차이가 없다. 약 복용으로 오랜 기간

그를 괴롭히던 과민성대장증상이 싹 가시는 소득도 얻었다.

항우울제와의 동행을 통해 P 부장은 많은 것을 배웠다. 서당 개 3년이면 풍월을 읊는다. 극단적 상황까지 간 적은 없으나 이미 15년을 함께했으니 알 만큼은 안다. 우선 자신의 상태 변화를 빠르게 알아차린다. 오랜 자가진단과 임상실험의 결과다. 노후에 훨씬 심각해질지 모를 우울함에 대한 선행학습을 함으로써 위기관리가 가능해진 것이다. 시련과 실패에서 벗어나는 '마음의 근력'인 회복 탄력성이 높아졌다. 심리적 밑바닥까지 떨어져봤기에 존재에 대한 불안과 두려움이 한결 덜하다.

그에게 세상과 인생을 다시 보게 한 것도 우울이다. 우울하지 않은 게 곧 즐거움은 아니지만, 우울의 반대쪽 어딘가에 행복이 있다. 누구나 행복해지기를 원하지만 하루하루 쫓기며 살 뿐, 깊이 생각해볼 때가 많지 않다. 자신의 진짜 행복이 무엇인지, 행복해지려면 무엇을 택하고 무엇을 버려야 하는지. 우울은 그런 진지한 고민을 등한시하지 않게 해주는 소금의 구실을 한다.

P 부장은 항우울제와 함께하면서 한 번뿐인 삶이 훨씬 윤택해졌다고 믿는다. 자신의 본질과 존재 이유에 한 발 더 가까워졌다. 물론 우울의 늪에서 끝날 것 같지 않은 고통에 시달리거나, 결국 삶의 마감에 대한 유혹을 피하지 못할 위험은 상존한다.

사람을 우울의 늪에서 벗어나게 만드는 일등공신이 바로 세로토닌이다. 행복물질 세로토닌에 대한 연구는 많이 나와 있다. 다양한 실험을 통해 체내 세로토닌의 기능이 입증됐다. 두뇌 신경전달물질을 지휘하는 세로토닌은 기분, 통증, 식욕, 수면과 가장 밀접하게 연관돼 있다. 복잡하고 미묘한 사람의 심리 상태를 인체 생화학물질의 작용만으로 설명할 수는 없을 것이다. 하지만 세로토닌의 부족이 우울과 불안의 주범이라는 증거는 넘친다.

P 부장은 세로토닌 부족에 따른 증상을 몸으로 안다. 정신이 불안과 우울을 느끼기 전에 육체가 힘들어진다. 소화 기능과 집중력의 저하가 제일 먼저 찾아온다. 전체 세로토닌의 90퍼센트는 위장에서 합성된다. 엄밀히 말해 그의 병은 세로토닌 부족증이라고 할 수 있다.

사람의 기분을 좌우하는 신경전달물질과 호르몬에는 몇 가지가 있다. 도파민과 엔도르핀은 '쾌락'에 가깝다. 노르아드레날린은 '자극과 흥분'에 주로 관여한다. 잔잔한 행복감은 세로토닌의 지배를 받는다.《세로토닌의 비밀》을 쓴 미국 의학박사 캐롤 하트에 따르면, 서른 가지 남짓의 대뇌 신경전달물질을 조정·통제하는 역할을 하는 총지휘자가 세로토닌이다.

우울증과 관련해 꼭 알아야 할 하나를 꼽는다면 바로 세로토닌이다. 특히 중요한 것이 세로토닌의 '동작 스위치' 기능이다.

이 기능은 우리가 우울하면 침대에서 일어나기는커녕 손가락 하나 까딱하기 힘든 이유를 설명해준다. 세로토닌 스위치가 켜지지 않으면 몸을 움직이지 못하고, 움직이지 않으면 세로토닌이 분비되지 않는 악순환에 빠진다. 따라서 세로토닌을 늘리고 활성화하는 것이 우울의 늪에서 벗어나는 현실적인 해답이다.

불행하게도 주사나 약으로 세로토닌을 머릿속에 직접 집어넣을 수는 없다. 두뇌의 혈관이 아주 좁아 세로토닌은 산소와 영양분처럼 피를 통해 들어가지 못한다. 그래서 신경세포에서 분비된 세로토닌이 다시 흡수되는 것을 차단해 세로토닌의 활동을 증대시키는 간접적 방식을 쓴다.

약의 복용량이 많으면 부작용도 따라서 커질 수밖에 없다. 가장 좋은 방법은 자연적인 것이다. 먼저 햇볕이다. 많이 쬘수록 세로토닌 분비가 늘어난다. 삶의 질과 행복도가 높은 스웨덴·덴마크 등 북유럽 나라에서 항우울제 복용이 많은 것은 햇볕이 부족한 탓이기도 하다. 다음은 운동이다. 반복적인 근육의 움직임은 모두 효과가 있다. 짧고 힘든 운동보다는 덜 과격하게 오래 하는 쪽이 낫다. 걷기와 같이 야외에서 하는 유산소운동이 '딱'이다.

마지막으로, 음식에 대해선 설명이 좀 필요하다. 인체의 시스템이 너무 복잡하고 정교하기 때문이다. 세로토닌의 재료는 트립토판이라는 아미노산이다. 몸에 꼭 필요하지만 스스로 합성하지 못해 음식물을 통해 공급해야 하는 필수 아미노산의 하나다. 고기·생선·유제품과 콩·견과류 등 고단백 식품에 들어 있는 단백질의 분해로 만들어진다. 시중에는 트립토판 보충제도 나와 있지만 효과와 부작용에 비춰 권장하긴 어렵다.

그런데 두뇌 세로토닌은 단백질을 많이 먹는다고 늘어나는 게 아니라고 한다. 오히려 식사나 간식으로 탄수화물(당분)을 먹을 때 뇌로 가는 트립토판이 증가한다는 것이다. 복잡한 체내 생화학 반응은 생략하는 게 좋겠다. 위장이 비어 있을 때 '저단백질/고탄수화물'이 결합된 식사가 세로토닌 생성에 가장 효과적이라는 게 결론이다.

그렇다고 세로토닌만 생각하고 음식을 먹을 수는 없다. 탄수화물 과다 섭취는 비만과 당뇨의 지름길이니 균형과 배합이 요구된다. 복합탄수화물이 주성분인 밥·빵·면은 혈당지수를 한꺼번에 높이지 않는 현미·통밀로 만든 쪽이 좋다. 간식으로는 단순탄수화물인 과일과 단백질 보충에 도움이 되는 견과류가 적절하다.

햇볕, 운동 그리고 적절한 탄수화물과 식물 단백질 섭취가 세로토닌 친화적인 생활 습관이다. 이 세 가지를 염두에 두면 반갑지 않은 손님인 우울을 줄일 수 있다. 그럼에도 찾아오는 우울은 상담이나 약으로 통제하면 된다. 무엇보다 중요한 것은 우울증에 죄의식을 갖지 않는 것이다. 그냥 세로토닌 부족을 탓해도 괜찮다. 자신을 물어뜯으며 혼자 끙끙 앓을 때 우울증은 항거 불능의 괴물이 된다.

　　우울을 덜기 위해선 때때로 자기 암시나 주문, 최면도 필요하다. "나는 괜찮아", "다 잘될 거야" 등의 말을 내뱉다 보면 머릿속이 우울로 가득 차는 데 제동이 걸리기도 한다. P 부장은 디즈니 애니메이션 〈라이온 킹〉에 나오는 '하쿠나마타타(문제없어)'나 오키나와 여행에서 산 작은 액자의 글귀인 '난쿠루나이사(어떻게든 될 거야)'라는 말을 혼자 중얼거린다.

버킷리스트를 지우다

✴

반드시 찾아오는 죽음을 어떻게 맞이할 것인가. 생의 마지막이자
궁극적인 과제다. 예상치 못한 치명적 사고나 급성질환으로
자신의 의지가 작동하지 못하는 상황이라면 어쩔 수 없다. 그것은
운명이다. 대신 고민할 시간이 없으니 걱정도 사라진다. 그런 게
아니라면 '인생 최후의 중대사'를 자신이 설계해볼 수 있다.

2010년 10월 어느 날이었다. 일에 한참 몰두해 있던 아침, P
부장은 '행복전도사'로 유명한 최윤희 씨 부부의 동반자살 소식
을 듣고는 한동안 충격에서 벗어나지 못했다. 책과 방송을 통해
최 씨로부터 늘 희망의 메시지를 받아왔기에 도무지 믿기지 않
았다.

700가지 통증에 시달렸다는 최 씨가 마지막 남긴 글을 보

면, 그의 몸에선 면역세포가 자기 몸을 공격하는 '자가면역 마그마'가 폭발하고 있었다. 가장 상태가 나쁜 부위를 겨우 다스리면 다른 쪽으로 터져 나왔다고 한다. 완치 가능성이 없을뿐더러, 고통만이 기다리는 사람에게 어떤 선택이 가능할까.

삶의 종착역은 죽음이다. 건강을 잃은 죽음은 참담하다. 사람다운 삶이 더는 가능하지 않은 상황에서 죽음을 택하는 것은 비난받을 일이 아니라고 P 부장은 생각한다. 품위 있게 죽는 것은 권리라고 할 수 있다. 그러나 한국을 비롯한 대다수 나라에서 안락사는 물론 의사의 도움을 받는 죽음(의사조력자살)조차 허용되지 않는다. 그렇다고 베토벤 교향곡 9번 '환희의 송가'를 부른 뒤 안락한 죽음을 맞은 생태학자 데이비드 구달처럼 큰돈을 들여 스위스까지 갈 수도 없다. 그와 같은 말기 난치병 환자에게는 "죽는 게 아니라 죽지 못하는 게 고통"이다.

언제 삶을 마감해도 그다지 차이가 없을 만큼 산 사람에게 스스로 선택한 죽음은 비극이 아니다. 진짜 비극은 사회 통념에 휘둘려 품격 있는 죽음을 맞이할 수 없는 것이다. 지난 삶을 정리하는 데 전혀 도움이 되지 않는 콘크리트 병동에서 생명줄만 이어가다 어영부영 세상을 떠나는 것 말이다.

P 부장은 이따금 자신이 같은 처지였다면 어떤 선택을 했을까 하는 생각을 해본다. 무의미한 연명치료를 거부한다는 결론은 동일하지만 삶을 마무리하는 방식은 다를 것이다. 죽음을 찾

아가기보다는 자연이 숨을 거두어가는 마지막 순간까지 버티며 삶을 정리하는 쪽이다. 마약 성분 진통제로 통증을 달래가면서. 다행히 한국에서도 연명치료 관련 법률이 제정돼 최소한의 존엄한 죽음은 가능하게 됐다.

반드시 찾아오는 죽음을 어떻게 맞이할 것인가. 생의 마지막이자 궁극적인 과제다. 예상치 못한 치명적 사고나 급성질환으로 자신의 의지가 작동하지 못하는 상황이라면 어쩔 수 없다. 그것은 운명이다. 대신 고민할 시간이 없으니 걱정도 사라진다.

그런 게 아니라면 '인생 최후의 중대사'를 자신이 설계해볼 수 있다. 죽음 준비 교육에 앞장서온 노년 전문가 유경은 "자신의 죽음을 스스로 선택한다는 것은 결코 스스로 목숨을 끊는다는 의미가 아니"라면서 "자신이 맞이하고 싶은 죽음의 방식을 미리 정해놓는 것"이라고 말했다.

P 부장은 죽는 순간부터 시계를 거꾸로 돌려가며 '바라는 죽음'을 준비할 계획이다. 가끔 자신의 마지막을 디자인하는 상상에 들뜨기도 한다. '피할 수 없으면 즐기라'는 경구에 충실할 생각이다. 죽음이 두렵지 않은 것은 아니나, 딱히 남길 것도, 세상이 알아주기를 기대하는 것도 없기에 홀가분한 편이다.

그의 책장에는 죽음에 관한 책이 스무 권 넘게 꽂혀 있다. 죽음에 대한 생각이 세상을 회의적으로 보게 하고 허무함을 키울 것 같지만, 그의 경험으로는 그 반대다. 요절한 모차르트도 아버지에게 보낸 편지에서 죽음을 '인간의 가장 좋은 친구'라고 불렀다고 한다.

죽음 관련 책은 죽음에 대한 두려움이 줄어들고, 삶과 죽음 이 그리 동떨어진 게 아니라는 깨우침을 얻는 데 도움이 된다. 그 것이 흔히 말하듯, 오늘이 마지막 날인 것처럼 후회 없이 산다는 뜻은 아니다. 사람이 어떻게 날마다 최선을 다할 수 있겠는가. 그 게 더 부담스러운 삶이다. 다만, 삶의 본질과 거리가 먼 허상을 쫓는 것은 확실히 줄어든다. P 부장이 죽음과 친숙해지면서 얻은 최고의 소득은 삶의 우선순위가 바뀐 것이다. 하나하나 순번을 매기지는 않지만 세상의 눈이나 헛된 욕구에 덜 휘둘리게 됐다.

임종 연구의 개척자인 엘리자베스 퀴블러 로스 박사에 따르면, 죽음을 앞둔 사람의 심리 상태는 대체로 부정-분노-타협-우울-수용의 다섯 단계를 거친다고 한다. 큰 병이나 사고가 닥쳤을 때도 비슷하다. 마음속으로 받아들이는 연습을 하면, 죽음이 예상보다 일찍 찾아오고 시한부 선고를 받더라도 더 담담해질 수 있다.

"그럴 리가"라며 부정하려 하거나 "왜 나에게?"라며 화를 내는 경향이 줄어들 것이다. 더 살 수 있게 해달라고 신에게 애원하는 것도, 그게 될 수 없다고 우울해하는 것도 덜해진다. 다른 가족이 어떻게 살아갈지 하는 걱정은 자신과 가족의 마음만 무겁게 할 뿐, 별 소용이 없다.

죽음 준비는 마음공부에 가깝다. 사람은 죽기 직전까지 정신적, 인격적으로 더 나아질 수 있다. 다음을 알 수 없는 죽음 앞에서 당당해지는 것이야말로 진정한 성숙이다. 인생을 마감하는 시기에라도 미망과 집착에서 벗어날 수 있다면 괜찮은 삶이라고 하겠다. 웰다잉 강좌 듣기, 묘비명 생각해보기, 임종 체험 하기, 엔딩노트·마지막 편지·자서전 쓰기 등은 말년의 삶에 밀도를 더해준다.

'죽음 예행 연습은 삶의 재발견'이라는 말에 공감이 간다. "터놓고 이야기하면 더는 무섭지 않게 된다. 모르니까 그리고 금기시하니까 무서운 것이다. 죽음에서 보는 삶은 정말 중요하다." 치매에 걸린 어머니를 10년 가까이 집에서 간병하며 〈날마다 알츠하이머〉라는 다큐멘터리 세 편을 만든 세키구치 유카 일본 감독의 말이다.

죽음을 입에 올리는 것조차 꺼려하던 사회 분위기는 많이 바뀌었다. 행복한 죽음, 존엄한 죽음, 준비된 죽음이 곧 좋은 삶이라는 웰다잉 운동도 활발하다. 고령화가 앞선 일본에선 재산 처분, 유언장 작성, 묘지 예약 등 죽음을 체계적으로 준비하는 종활(終活)과 살아 있을 때 가까운 사람들과 이별 인사를 나누는 생전 장례식이 관심을 끌었다.

P 부장의 첫 번째 죽음 준비는 언제 떠나도 별 미련이 남지 않도록 하는 것이다. 늘 자신이 지금 죽거나 사라져도 괜찮을지 자문해본다. 언젠가 맞을 죽음이 일찍 찾아오면 섭섭할 수는 있겠으나 그렇게 문제될 만한 것은 없다는 생각이 든다. 다만, 노모에게 자식이 먼저 세상을 떠나는 슬픔을 안겨주고 싶지는 않다.

사죄와 성찰이 필요한 게 있다면 죽기 전에 마무리할 생각이다. 쓸모를 다한 것들은 차례로 버리고 새로 가지려 하지 않을 것이다. 가진 것, 매인 데 없이 깃털처럼 가볍고 홀가분하도록. 작가 김훈이 '어떻게 죽을 것인가'에 관해 《조선일보》에 쓴 에세이와 비슷한 맥락이다. 김훈은 화장한 친구의 뼛가루를 보면서 "죽음은 날이 저물고, 비가 오고, 바람이 부는 것과 같은 자연 현상"이라며 "세수를 하고, 면도를 하듯이, 그렇게 가볍게 죽어야겠구나"라는 생각을 했다고 한다.

P 부장은 버킷리스트에 들어갈 항목을 일찍부터 하나씩 실행해오고 있다. 죽기 전에 꼭 하고 싶은 것의 목록인 버킷리스트는 스스로 의미를 부여하는 것이지, 의무 사항도, 누구에게 내보이기 위한 자랑거리도 아니다. 굳이 살날이 얼마 남지 않을 때까지 리스트 작성만 하고 있을 이유가 없다. 시간이 있을 때 하나씩 지워나가는 게 세상과 이별하는 순간 가질지 모르는 미련을 줄이는 길이다. 지운 항목이 늘어나는 만큼 삶의 무게가 가벼워진다.

나의 죽음을 알리지 마라

P 부장은 적절한 시기가 되면 죽음 이후에 필요한 모든 준비를 마무리해둘 생각이다. 가족의 의견까지 들어 유언장을 작성하는 것은 기본이다. 얼마나 남아 있을지 모르지만 유산 배분은 직접 하는 것이 최선이다. 치료와 관련해서는, 예견되는 구체적 상황에 따라 원하는 조처를 문서로 명확하게 밝혀놓을 예정이다.

P 부장이 꿈꾸는 죽음은 두 갈래다. 먼저 누구나처럼 가족과 아주 가까운 이들에게 둘러싸여 마지막을 맞는 것이다. 단, 그곳은 하얀 병실이 아니기를 바란다. 햇살이 따스하게 내리쬐는 날, 자연휴양림 통나무집 앞마당 같은 곳이면 더 좋겠다. 담요를 덮은 채 대자연의 신선한 햇빛과 공기를 마음껏 받으면서 천천히 숨을 거두는 장면을 상상한다. 죽음이 언제 찾아올지 정

확히 알 수는 없겠지만, 기다리는 장소만 바꾼다고 생각하면 그리 어렵지도 않을 듯하다.

미소를 주고받으며 작별인사를 나눈 이들은 통곡 없이 한동안 그의 주검을 그대로 뒀으면 한다. 그 시간을 '좋은 곳의 좋은 기억'으로 간직한 뒤 사후 절차를 밟기를 원한다. 집에서 조용하게 생을 마감하는 것도 나쁘지 않다. 그가 바라는 자연스러운 죽음이다. 회복될 수 없는 병에 걸렸더라도 마찬가지다.

그가 세상을 떠났다는 사실을 굳이 널리 알릴 필요가 없다. 부음이나 별도의 장례식을 그는 원치 않는다. 시간이 지나면 인연을 맺은 사람들은 자연스레 소식을 듣는다. 빈소를 차릴 것도 없이 사망에 따른 법적 절차만 끝나면 곧바로 화장하도록 가족에게 얘기해둘 생각이다. 평소에 입던 옷과 종이 관이 환경에도 도움이 되지 않을까 싶다.

남은 이들이 슬픔과 위로를 나누거나 혹시라도 추모하는 것은 언제든 가능하다. 그 장소는 병원이나 장례식장이 아닐수록 좋다. 직접적 인연도, 일면식도 없는 사람들로 어수선한 장례식은 무의미하다. 조문객과 조화의 숫자로, 죽음을 놓고도 위세를 드러내거나 썰렁함을 감추려 드는 것은 부질없는 노릇이다.

준비된 죽음이 가능하지 않더라도 병원에서의 죽음은 피할 생각이다. 이미 서약해둔 장기기증을 위해서라면 어쩔 수 없겠지만. 죽음이 임박한 환자를 돌보는 호스피스 병동보다 익숙한 집을 선호한다. 사망이 이미 가시권에 들어섰다면 위독해져도 구급차를 부르지 않도록 한다. 심폐소생술 등 혹시라도 시행할지 모르는 연명치료의 고통을 막는 확실한 방법이다.

P 부장은 연명치료를 받을 마음이 당연히 없다. 그 정도는 요즘 상식이다. 국립연명의료관리기관 사이트에 자세한 설명이 나와 있고, 사전연명의료의향서 작성기관을 쉽게 찾을 수도 있다. 그는 집 가까운 등록기관에서 의향서를 작성했다. 마음이 바뀌면 언제든 변경 또는 철회할 수 있어 의향서 작성이 큰 결단을 요구하는 것은 아니다.

자신이 생각하는 '품위 있는 죽음'이 도저히 불가능한 상황이라면 '플랜B'가 가동될 수 있다. 자발적으로 식음을 전폐하는 방식의 죽음이다. 한국에서는 보기 드문 일이다. 이따금 가까운 사람의 죽음에 충격을 받아 식음을 전폐한 나머지 숨지는 사례는 있었다. 하지만 이것은 스스로 선택한 죽음의 방법으로 곡기를 끊는 것과는 다르다. 유명한 생태주의자 스콧 니어링은 1980년대에 100살 생일을 앞두고 물과 음식을 끊어 자연으로 돌아갔다.

이에 대해 30년 이상 노화를 연구한 미국 의사 에릭 라슨은 《나이 듦의 반전》에서 이렇게 평가했다. "의학적으로 죽음을 지원받을 수 있는 법률이 없거나 법적으로 허용하지 않는 지역에서 가능한 인도적 죽음이자 가장 흔하면서도 많은 의사가 지지

하는 합법적 방법이다."

라슨은 심한 뇌졸중을 앓는 80대 중반 환자의 사례를 소개했다. 가까운 친구이기도 한 그 환자의 바람을 듣고 함께 오래 고민한 뒤 라슨은 동의했다. "탈수가 진행되어 죽음에 이르기까지 며칠이 걸린다. 갈증과 공복이 처음엔 불편하게 느껴질 수 있지만, 보통 하루 이틀이면 더 이상 느껴지지 않고 진정제로 완화시킬 수 있다."

P 부장은 적절한 시기가 되면 죽음 이후에 필요한 모든 준비를 마무리해둘 생각이다. 가족의 의견까지 들어 유언장을 작성하는 것은 기본이다. 얼마나 남아 있을지 모르지만 유산 배분은 직접 하는 것이 최선이다. 치료와 관련해서는, 예견되는 구체적 상황에 따라 원하는 조처를 문서로 명확하게 밝혀놓을 예정이다. 사전연명의료의향서의 내용이 추상적이기 때문이다.

한국장례문화진흥원의 '이별준비' 사이트에서 이별준비노트(사전장례의향서)도 작성했다. 원하는 장례 방식을 간단하게 기록하는 방식이다. 구속력이 있는 것은 아니다. 미리 생각을 정리하는 차원이다. 그밖에는 어려울 게 별로 없다. 준비된 죽음은 남은 이들이 겪을 혼선과 분란을 최소화한다.

평소 즐겨 듣던 노래 가운데 숨지는 순간에 틀면 좋을 몇 곡을 골라둘까 한다. 마지막 말을 남기는 것 또한 미련일지 모른다. 그래도 가족이나 아주 가까운 이에게 꼭 전하고 싶은 메시지가 있다면 휴대전화에 목소리나 글자, 동영상으로 담아둘 것이다. 문자 메시지 예약 기능을 이용할 수도 있다.

요즘은 죽음과 뗄 수 없는 게 상조 서비스다. 과거에는 상이나면 마을 사람들이 모두 자신의 일처럼 함께 도왔다. 품앗이다. 누구나 같은 일을 겪기 때문이다. 지금은 오롯이 가족의 몫이다. 아무리 간단히 한다고 해도 전문 장례지도사의 도움을 받지 않고 장례를 치르는 것은 몹시 피곤한 일이다.

노부모 장례에 대비해 상조 서비스에 가입한 5060이 많겠지만 자신도 오래지 않아 대상자가 된다. 단도직입적으로 말하면, 상조 서비스에 미리 가입할 필요가 없다. 달마다 몇만 원씩 꼬박꼬박 내지만, 이점이 거의 없기 때문이다.

우선 장례에 드는 비용은 전부 자기 부담이다. 사망하면 보험료를 더 이상 낼 필요 없이 거액의 보험금을 타는 생명보험과 상조상품은 다르다. 400만~500만 원대 상품에 가입하면 언제 장례를 치르든 정해진 액수의 돈을 모두 납부해야 한다. 미리 구입해뒀다는 것 외에는 실익이 없는 셈이다.

실제 상이 났을 때 상조업체에 연락하면 서비스를 받을 수있다. 업체로선 마다할 이유가 없다. 장례 서비스를 제공하면서 수의, 관과 같은 값비싼 장례물품을 판매하는 것만으로 충분한 수익 사업이 된다. 미리 회비를 내지 않아도 되는 후불식 상조 서비스가 등장한 것도 이 때문이다.

장례 목적의 적금을 따로 넣는 쪽이 적은 이자라도 받고 떼일 우려도 없는 안전한 방법이라고 할 수 있다. 상조회사의 파산과 부실 때문에 골머리를 앓는 일이나 중도 해지 시의 손실을 피할 수 있다. 보험사처럼 상조회사도 많은 사업비를 떼기 때문에 중도해지하면 낸 돈을 제대로 돌려받지 못한다. 상조업체들이 고급 안마의자·가전제품 등을 사은품으로 내걸고 공격적 영업을 하는 데는 다 이유가 있다.

그런데도 P 부장은 2012년부터 달마다 3만 원씩 상포계 협동조합에 회비를 내고 있다. 실속 있는 장례와 공동체 정신을 표방하는 단체여서다. 협동조합인 만큼 상이 난 뒤에 연락해 회원으로 가입해도 장례 서비스를 제공해준다. 다만, 장례문화 개선이라는 협동조합의 취지에 공감하기에 미리 가입해 장례비용을 꾸준히 적립하는 것이다.

가까운 사람, 특히 부모의 상을 앞에 놓고 비용을 따지는 것은 민망한 일이다. 지나치게 비싼 장례물품을 강권해도 거부하기 힘들다. 상조 서비스를 선택할 때는 이런 점을 살펴보는 게 지혜다. 상주의 뜻을 존중하고, 장례의 허식을 덜어주는 곳을 찾을 필요가 있다. P 부장은 협동조합을 통해 장례의 품격과 정성을 체감하면서도 비용 200만~300만 원을 절약했다는 경험담을 적잖이 들었다.

이곳에선 통상적인 3일장이 아니라 '작은 장례' 서비스도 제공한다. 하루만 빈소를 차리고 가족장으로 치르는 1일장과 아예 빈소를 차리지 않고 별도의 추모공간에서 추도식을 치르는 무빈소 장례가 가능하다. 남은 이들이 서로의 안면 때문에 얼굴을 비추기 바쁜 기존 장례보다 떠난 이에 대한 '추모는 깊고 형식은 간소해진' 장례다. P 부장의 죽음 철학에 가장 가까운 방식이다.

5부

관계

—

더하기와
빼기의
미학

자녀를 버려야 모두가 산다

**부모에게 목돈이 없어야 자녀도 다른 길을 찾는다. 자산을
연금으로 바꾸는 것이 가장 현실적인 해결책이다. 달마다 생활에
필요한 돈이 나오면 마지막까지 버틸 수 있다. 자녀가 아무리
어렵더라도 큰돈을 줘버리고 빈곤선에서 허덕거리는 것보다
다달이 나오는 연금을 모아 생활비라도 보태주는 게 훨씬 낫다.**

노년기에 접어든 부모와 자녀의 관계를 꿰뚫는 섬뜩한 농
담이 있다. 자녀로 인해 노부모가 죽게 되는 세 가지 경우다. '재
산이 있는 부모가 손 벌리는 자녀를 외면하면 자녀에게 맞아 죽
는다. 찔끔찔끔 주다가는 시달려 죽는다. 그렇다고 다 내어주다
가는 굶어 죽는다.'

곰곰이 생각해보면 단순한 농담에 그치지 않는다. 유사한

사건이 현실에서 심심찮게 벌어진다. 재산 문제가 갖는 폭발력에 비해 5060 부모와 자녀 사이의 공감이나 이해는 충분치 않다. 함께 살아도 제 자식 모르는 부모가 태반이다. 자식이란 게 늘 애틋하지만 쳐다보면 열불이 날 때가 부지기수다. 잔소리로 일관하는 부모를 보는 자녀의 마음도 답답하기는 마찬가지일 것이다. 성인이 된 두 아들이 있는 P 부장의 사정도 비슷하다.

만 20세를 넘긴 자녀를 성인자녀라고 부른다. 스스로를 책임질 나이가 됐으니 부모로선 기본적인 부양 의무를 마친 셈이다. 더욱이 대한민국 부모는 애를 키우느라 등골이 휘어진 지 오래다. 그런데도 퇴직해 별다른 소득이 없는 부모는 너나없이 자신의 노후 자금과 성인자녀에게 나눠줄 몫을 놓고 끊임없이 갈등한다. 바로 성인자녀 리스크다. 악화하는 취업난과 집값 폭등으로 자녀가 자기 힘만으로는 살아가기 쉽지 않은 요즘에는 고민이 더 깊어졌다.

지금부터라도 부모의 노후를 성인자녀와의 대화 테이블에 지속해서 올릴 필요가 있다. 취업난으로 고민이 큰 자녀의 마음을 무겁게 하겠지만 마냥 회피하는 것이 답은 아니다. 부모의 걱정거리를 있는 그대로 알게 하는 것이 자녀의 공감을 얻고 갈등을 줄이는 데 당연히 도움이 된다. 어느 정도 심리적 거리를 두는 것도 필요하다. 부모가 계속 성인자녀의 삶까지 자신의 문제로 끌어안고 개입하면 리스크가 훨씬 커질 수밖에 없다. 이미 사교육을 비롯한 자녀 입시 경쟁에 부모가 앞장서 많은 자원을 쏟아부었다.

동시에 현실적으로 리스크를 줄이기 위한 방법을 모색해야 한다. 일종의 방어선 설정이다. 성인자녀를 위해 무한정 내줄 수는 없다면 어딘가에서 멈춰야 한다. 그 정지선을 찾는 것이다. 부모가 소득, 자산, 다른 리스크 등을 잘 살펴보고 명확한 선을 정해놓지 않으면 노후 자금 계획이 크게 흔들릴 수밖에 없다.

P 부장은 비교적 일찍 그 선을 정했다. 대학 졸업까지 부양 책임을 지는 것을 원칙으로 못 박았다. 대학 학비와 생활비는 대주지만, 이후로는 부양 의무를 지지 않겠다는 얘기다. 대학 졸업 전 자녀의 자립이 현실적으로 무리라는 점을 고려했다.

형편이 어렵지 않은 가정이라면 대체로 자녀가 대학을 마칠 때까지는 돌본다. 이런 한국 부모의 부양 책임감은 외국에 견줘 아주 '후한' 편이다. 미국이나 일본에선 자녀가 고교를 마치면 대부분 독립한다. 학비 또한 자신이 갚을 학자금 대출 등으로 조달한다. 한국에선 그만큼 오랫동안 자녀가 부모의 그늘을 벗어나지 못한다는 뜻이기도 하다.

부양 시한을 대학 입학으로 앞당기거나, 결혼 이후로 늦출 수도 있을 것이다. 부모의 생각이나 가정 형편에 따라 얼마든지 다른 선택이 가능하다. 물론 이렇게 원칙적으로 정한 시한이 곧 엄격한 실행을 뜻하지는 않는다. 부모와 자식의 끈만큼 질기다

질긴 게 없다. 더 엄밀하게 말하면, 자식을 놓지 못하는 부모의 마음 또는 집착이 그렇다. 대다수 부모는 힘들어하는 자녀의 꼴을 안쓰러워 보지 못한다. 그러다가 자녀에게 모두 퍼주고 마는 것이 한국 노인 빈곤의 주요 원인이다.

원칙이 지켜질 수 있는 분위기와 환경을 만드는 것이 중요하다. 그것이 실질적인 노후 준비다. P 부장은 두 아들에게 부양 책임에 관한 얘기를 꾸준히 해왔다. 아직은 개략적 상황과 자신의 구상에 대한 설명에 그친다. 아들들이 시간을 갖고 스스로 판단해보는 계기를 제공하는 것이다.

그의 생각에 대해 두 아들로선 불만이 없지 않겠지만 대놓고 따지기는 힘들다. 자기 앞가림을 할 나이가 됐으니 열심히 일해온 부모에게 더 요구할 합당한 근거가 없다. 큰 어려움 없이 자랄 수 있도록 돌봐주고도 기대려 하지 않는 것만으로 고마워해야 할 것이다.

부양 시한으로 공언한 만큼 대학 졸업 이후에는 경제적 지원을 하지 않아도 무방하다. 성인자녀가 스스로 일어서도록 지켜만 보는 것은 자녀를 위해서도 당연히 바람직하다. 그러나 부모에게 경제적 여유가 있으면 인색할 이유는 없다. 물론 이렇게 돕는 것이 자녀의 당연한 권리가 아니라 부모의 호의라는 점은 분명히 한다.

P 부장은 이런 차원에서 자녀가 결혼할 때 전세 자금을 보태는 것도 염두에 두고 있다. 조금 넉넉하게 계산한 노후 자금과 집을 뺀 나머지 자산에 맞춰 적정 액수를 정하려 한다. 자녀가 굳이 비싼 월세나 은행 이자를 물도록 할 필요는 없다는 생각에서다.

엄밀히 말해 빌려주는 것이다. 집값 폭등으로 증여에 대한 감시가 엄격해졌다. 관행처럼 해오던 자녀의 집값이나 전세금 지원은 증여세 대상이다. 세금을 물지 않고 성인자녀에게 줄 수 있는 돈의 한도는 10년 동안 5천만 원이다. 상속 때까지 차용증을 작성하고 이자를 받는 것이 뒤탈이 없다. 부모의 전세금 소유를 분명히 하는 방법이기도 하다. 이렇게 해도 불공정한 '부모찬스'에 해당한다.

2018년 미래에셋은퇴연구소의 '5060 은퇴자 설문조사'를 보면, 성인자녀의 학업과 결혼, 주택 마련에 쓰는 돈이 약 2억 4천만 원으로 집계됐다. 결혼 자금이 평균 5900만 원, 주택 자금이 1억 4500만 원이다. 1억 원 남짓인 50대 가구주의 금융자산을 훨씬 웃돈다. 부모가 사는 집을 팔거나 줄인다든지 퇴직금을 넣는다든지 하지 않고는 충당하기 어려운 액수다.

전세 자금 지원이 어렵다면 월세 보증금이나 결혼식 비용을 대는 선에서 끝낼지 모른다. 실속 있고 검소한 '작은 결혼식'은 얼마든지 가능하다. 그것도 안 된다면 어쩔 수 없다. 어떤 경

우에도 적정 수준의 노후 생활 자금과 큰 병에 대비한 비상금에
는 손대지 않는다. 그것은 마지노선이다.

분명한 방어선을 쳐놓았지만 뚫리지 않으리라는 보장은 없
다. 좋게 말하면 '쿨'하고, 나쁘게 말하면 무정한 편인 P 부장조
차 이런 원칙을 끝까지 고수할 수 있을지는 알 수 없다. 울고불
고 매달리는 자녀의 원망, 좌절을 생각한다면 굳은 결심이 흔들
릴지 모른다.

재산을 모두 물려준 부모와 자녀 사이의 부양 의무를 둘러
싼 소송이 심심찮게 벌어진다. 대다수는 그냥 속앓이만 하고 있
을 것이다. '효도계약서' 작성 얘기도 나온다. 남에게 준 빚도 돌
려받기 힘든데 효과가 있을까 싶다. 재산의 소유권이 일단 넘어
가면 자녀의 선의에 맡기는 것 외에 달리 도리가 없다. 사정이
나아지면 자녀가 어떻게 해주겠지 하는 안이한 기대 또한 금물
이다. 성인자녀는 나름의 우선순위가 분명하다. 본인들 먹고살
고 애 키우기에 바쁜 터이니 노부모가 뒷전인 것은 당연지사다.

실효성 있는 안전장치가 필요한 까닭이다. 목돈을 되도록
없애는 것이 그 방법이다. 부모에게 목돈이 없어야 자녀도 다른
길을 찾는다. 자산을 연금으로 바꾸는 것이 가장 현실적인 해결
책이다. 최대 자산인 주택 또한 연금화하는 쪽이 더 안전하다.
달마다 생활에 필요한 돈이 나오면 어떤 상황이 닥쳐도 마지막

까지 버틸 수 있다.

자녀가 아무리 어렵더라도 냉정해질 필요가 있다. 큰돈을 줘버리고 빈곤선에서 허덕거리는 것보다 다달이 나오는 연금을 모아 생활비라도 보태주는 게 훨씬 낫다. 자녀가 빚의 늪에 빠지는 등 도저히 감당이 되지 않는 상황이라면 차라리 자녀를 버리는 쪽을 선택해야 한다. 그것이 결국에는 함께 사는 길이다. 내가 우선 살아야 가느다란 생명줄이라도 내려줄 수 있다. 추락하는 항공기의 산소마스크를 엄마가 먼저 쓴 뒤 자녀에게 씌우도록 하는 것처럼.

어린 손주 돌봄은 또 다른 차원의 문제다. 손주의 재롱은 귀여움 덩어리다. 노후에 그만큼 즐거움과 에너지를 주는 게 없다. 아이 돌봄은 성인자녀에게 더 절박한 도움이다. 특히 수도권에 사는 노부모는 맞벌이 자녀의 사정을 뻔히 아는 터여서 손주 돌봄을 위한 '소환'을 외면하기 힘들다. 그것은 노부모의 존재 가치와 가족의 연대를 절감하게 하는 소중한 기회이기도 하다.

도심 역세권 아파트에 사는 P 부장이 출근길에 마주치는 유아의 보호자를 보면, 친부모인 30대와 그 부모인 60대 이상이 반반 정도다. 턱없이 오른 아파트의 가격과 크지 않은 집 평수에 비춰, 성인자녀의 집으로 출퇴근하는 할마(할머니+엄마), 할빠(할아버지+아빠)가 적지 않다.

황혼 육아의 방법이나 수칙 등은 인터넷으로 쉽게 찾아볼 수 있다. 정말 중요한 것은 마음가짐이다. 어쩔 수 없어서보다는 충분히 가치 있는 일이어서라고 생각할 때 그 부담이 가벼워진다. 가족의 끈은 핏줄만이 아니라 부대낌과 기억의 공유로 이어진다. 손주와 함께한 시간은 중요한 삶의 궤적이다. '손주 돌봄 일기'를 꾸준히 적어 그 시간의 기억을 선물로 남겨주려는 사람도 있다.

P 부장은 아기를 좋아하는 편이다. 두 아들의 어린 시절을 너무 정신없이 보내버렸다는 아쉬움을 갖고 있다. 노후의 일로 시간제 돌봄 노동도 생각하는 그에겐 손주 돌보기가 가치 실현의 하나다. 쉬운 일이 아니지만, 나이 든 그를 필요로 하는 사람이 80대 노모 다음으로 손주가 되면 좋겠다 싶다.

돌봄 맞교환이 답이다

**노모 돌봄은 '예습'의 성격도 띤다. 부부 어느 한쪽이 돌봄을
필요로 하는 시기가 언젠가 닥친다. 건강한 쪽이 우선적으로
책임질 수밖에 없다. 노모를 돌보면서 익힌 지혜와 노하우가
배우자 돌봄에 요긴하게 쓰일 것이다.**

성인자녀와 고령 부모를 동시에 부양하는 것을 '더블 케어'
라고 한다. 한국 중장년의 전형적인 돌봄 이중고다. 5060세대는
세 명에 한 명꼴로 더블 케어를 하고 있다고 한다. 노모와 장인·
장모, 두 아들이 있는 P 부장도 비슷한 상황이다. 맞벌이인 P 부
장 부부는 양쪽 부모에게 생활비를 보내드리지만 액수가 많지
않다. 부양이 아니라 용돈 지원 수준이다.

성인자녀에 견줘 노부모 리스크는 훨씬 덜하다. 코로나19

로 다시 주목받은 한국의 의료보험과 요양보험이 노부모 부양에 따른 경제적 부담을 상당히 덜어준다. 그럼에도 큰 병을 앓거나 거동이 불편한 노부모는 5060의 작지 않은 고민거리다.

P 부장 주변에는 노부모 돌봄을 위한 휴가를 쓰는 사람이 제법 늘었다. 노부모를 요양시설에 모신 사람도 적지 않다. 가정마다 사정은 제각각이겠지만 5060의 노부모는 부양을 요구할 자격이 충분하다. 일제 식민지와 한국전쟁을 겪었고, 생존조차 쉽지 않던 시절 애들 양육과 뒷바라지에 모든 것을 바쳤다. 그런만큼 노부모 부양에 무한책임을 지는 게 '세대 간 형평'이라고 P 부장은 믿는다.

노부모 부양은 형제자매의 공동 책임이므로 명시적이지 않더라도 기준이 필요하다. P 부장이 생각하는 첫 번째 기준은 '받은 만큼'이다. 5060은 대체로 아들, 특히 장남에게 '올인'하던 시대를 살았다. 맏아들인 P 부장 또한 남동생과 함께 두 누이에 비해 많은 혜택과 교육을 받았다. 더 큰 부양 책임을 맡는 게 당연하다. 앞으로 상속받을 재산이 남아 있다면 덜 받는 것이 합당하다.

다음은 '능력에 따라서'다. 사정이 넉넉할수록 더 기여하는 것이다. 노모가 응급실로 실려가 심장 스텐트 시술을 받았을 때에도 이런 기준을 적용했다. 작은 의견 차는 있었지만 별다른 갈

등은 없었다. 우애를 해치지 않으면서 노부모 부양 책임을 분담하는 것은 그리 어렵지 않다.

최대 갈등은 노부모의 거동이 불편해지는 순간에 찾아온다. 돈의 차원을 넘어서는 문제다. 돌보겠다고 나서는 자녀가 없으면 요양시설 외에 대안이 마땅치 않다. 다들 마음이 편치 않아 서로에게 따지고 드는 목소리가 높아지게 된다. 지방 누이동생 집에서 지내는 P 부장의 노모도 80대 후반이어서 언제 거동이 힘들어질지 모른다. 요양보호사로 감당이 되지 않는 단계가 올 수 있다.

노모의 수발을 들어야 하는 상황이 닥치면 P 부장은 주저하지 않고 휴가를 쓸 예정이다. 노모와 훨씬 가깝게 있는 두 누이에게 책임을 떠넘기지 않을 작정이다. 돌봄을 직접 갚겠다는 것이다. 양가 노부모의 돌봄은 자식의 의무이고, 돌봄으로 되갚는 것이 바람직하다는 게 그의 생각이다.

가족 돌봄 휴가는 10일(코로나19 관련은 20일)만 가능해 휴직도 고려 대상이다. 그는 정년퇴직 때까지 노모가 지금 정도의 건강을 유지해주기를 간절히 바란다. 이후에는 부담 없이 '돌봄 전선'에 뛰어들 수 있어서다. 그의 동료 K 씨도 양친이 모두 병을 앓고 있어 부모 돌봄을 정년퇴직 이후의 최우선순위에 두고 있다. 그가 나이를 더 먹으면 노인이 노인을 돌보는 '노(老)노(老)케어'가 된다.

    P 부장이 이런 생각을 갖기 시작한 게 그렇게 오래되지는
않았다. 누구나 그렇듯 부모보다는 자녀 쪽으로 애정의 저울이
많이 기울어 있다. 유전자의 지시를 받는 자식 사랑 본능과 달
리, 부모 돌봄에는 효도라는 윤리가 필요하다. 윤리가 본능을 이
길 수는 없다.

    그러나 나이 듦을 알아가면서 그는 노모와 보내는 시간의
가치를 다시 생각하게 됐다. 무한히 베푼 노모야말로 가장 소중
한 사람이라는 때늦은 깨달음이다. 철이 제대로 들고 있는지 모
른다. 자기 삶을 팽개치고 달려갈 수는 없지만, 노모가 정말 필
요로 할 때 돌봄을 갚겠다는 결심에는 흔들림이 없다.

    돌봄 노동은 결코 쉽지 않다. 하지만 누군가에게 직접 도움
이 되는 것만큼 좋은 노후 생활도 없다. 돌봄을 받는 누군가가
자신의 노부모라면 더더욱 그렇다. 미국 은퇴자협회(AARP)의 창
립자 에델 퍼시 앤드러스가 제시한 모토는 '돌봄을 받는 게 아니
라 주는' 시니어다.

    노모 돌봄은 '예습'의 성격도 띤다. 부부 어느 한쪽이 돌봄
을 필요로 하는 시기가 언젠가 닥친다. 건강한 쪽이 우선적으로
책임질 수밖에 없다. 노모를 돌보면서 익힌 지혜와 노하우가 배
우자 돌봄에 요긴하게 쓰일 것이다. 어쩔 수 없이 자신이 다른
사람의 돌봄을 받게 된다면 돌보는 사람의 심정과 어려움을 잘

알기 때문에 갈등과 마찰을 줄일 수 있다.

코로나19 사태를 거치면서 가정 내 돌봄의 중요성이 한층 커졌다. 요양시설은 전염병 집단감염에 너무 취약하다. 비상시 가정 돌봄이 가능하도록 준비를 갖춰놓으면 마음이 한결 든든해진다.

돌봄이 마음먹기만으로 되는 것은 아니다. 자기 앞가림도 못 하면서 거동이 불편한 노부모를 돌볼 수는 없다. 하루 세끼 준비를 비롯한 집안일을 원활하게 하는 것은 물론 목욕, 간호 등의 돌봄 기술도 필요하다. P 부장은 정년 전후에 요양보호사 교육을 받을 계획이다. 돌봄을 자청한 이상 제대로 하겠다는 것이다. 이론과 실기·실습을 포함해 320시간 동안 교육을 받으면 시험을 거쳐 자격증을 딸 수 있다. 교육비를 지원받는 교육과정들이 있다.

느슨함의 미학

★

**노년 부부를 위한 주옥같은 계명들이 많지만, P 부장은 '요구하지
않기'를 첫 번째 실천 지침으로 삼는다. 바라는 걸 아내가 해주면
고맙지만 '아니면 그만'이다. 모든 불만은 내 마음에 거슬리는
상대의 모습에서 출발한다. 기대치 자체를 낮추면 그만큼
편해진다.**

가장 치명적인 관계 리스크는 부부 사이에 있다. 바로 황혼
이혼이다. 오만 정이 다 떨어져 더는 함께하고 싶지 않은 부부
사이에는 이혼이 탈출구다. 억지로 살 만큼 살았으니 남은 생은
홀로 또는 마음이 통하는 다른 사람과 보내고 싶다는 심정은 충
분히 이해할 만하다. 옳고 그름의 문제는 아니다.

부부 사이의 관계는 핏줄이 얽힌 자녀나 노부모와는 비교

할 수 없을 만큼 복잡하다. 누구보다 가깝지만 언제든 계약 해지가 가능하다. 결혼 기간이 20년을 넘는 부부의 이혼은 이미 전체 이혼 건수의 3분의 1을 넘어섰고 갈수록 늘어난다. 실행까지 못 가고 마음속으로 헤어진 사람도 상당할 것이다.

P 부장은 현관 앞의 택배 상자를 볼 때마다 뒷골이 당기고, 설거지통에 기름기 묻은 그릇과 아닌 그릇을 섞어두는 아내가 답답하기 그지없다. 그의 아내에겐 눈치 보며 인터넷 쇼핑 주문을 하는 게 스트레스이며, 쩝쩝거리며 밥을 먹는 그의 모습이 짜증을 돋운다. 물건 사는 걸 반대하는 남편에게 '사지마상'이라는 일본식 별명을 붙인 P 부장의 회사 동료도 있다. 서로에 대한 불만을 적어보라면 몇십 쪽 분량은 나올 것이다. 이혼한 부부가 흔히 이유로 드는 '성격 차이'를 이제는 이해하고도 남는다.

지루함과 불만은 쉽게 누적되고, 권태는 일상화한다. 내 고집에는 둔감하지만 못마땅한 상대방은 갈수록 지켜보기 힘들어진다. 5060 전업주부에게는 퇴직 이후 집 안에 틀어박히기 시작한 남편의 존재 자체가 골칫거리다. 반면에 익숙한 것은 당연하게 여겨져 고마움이나 즐거움을 잊기 쉽다.

결혼의 접착제이자 '볼모'인 자녀 양육이 어느 정도 끝나면, 부부관계는 강한 휘발성을 띠게 된다. 사소한 충돌로도 묵은 대립이 고구마 줄기처럼 차례로 소환돼 폭발하기 일쑤다. 가정이라는 굴레를 훌러덩 벗어던지고 싶은 욕구가 치솟는다.

가정의 역학 관계에서 우위를 누려온 남편도 그럴진대, 아내는 말할 것도 없다. 이혼 시의 재산분할로 소득 없는 남편에게 발목 잡힐 이유가 사라졌고, 이혼했다는 딱지가 신경 쓰일 나이도 아니다. 노후 생활의 관점에서 보면 매우 위험한 신호다. 가정 폭력, 바람, 도박 중독 같은 명백한 사유는 언급할 필요도 없다.

하지만 나이가 들수록 소중해지는 것이 사람 사이의 관계다. 노후의 외로움은 피할 수 없고, 다른 어떤 것으로도 상쇄하기 힘들다. 직장생활을 비롯해 적극적인 사회활동의 틀을 벗어나는 순간, 자신을 둘러싼 관계의 그물이 급속히 쪼그라든다. P 부장은 가끔 손가락을 꼽으며 헤아려본다. 회사를 떠나면 편하게 만날 수 있는 사람이 몇 명이나 될까 하고.

미국 미시간대 연구팀에 따르면, 은퇴 이후 삶의 만족도를 가늠케 하는 가장 강력한 지표가 '사회적 지지 네트워크'의 규모라고 한다. 지속해서 어울리는 사람이 얼마나 되느냐 하는 것이다. 미국의 사례이긴 하지만, 친한 사람이 16명을 넘으면 사는 게 꽤 만족스럽고, 10명 미만이면 신통치 않은 것으로 나타났다.

끈끈한 관계의 첫 자리에 부부가 있다. 묵은지 같은 배우자를 대체할 만큼 가깝고 부담 없는 사람을 찾으려면 엄청난 에너지가 필요하다. 관계의 상실에 따른 정서적 타격이 그만큼 클 수밖에 없다. 홀로서기 연습이 충분치 않은 은퇴 남성에게 특히 심각하다. 배우자와 사별한 뒤 1년 안에 숨지는 남편의 비율이 매우 높은 것은 그런 이유에서다.

갈라설 때의 경제적 타격도 만만치 않다. 애를 키우느라 허덕대온 은퇴 부부에게 남은 자산이 넉넉할 리 없다. 노후 자금을 반씩 나눈 뒤 이전 생활수준을 유지하는 것은 상당히 힘들다. 주거비, 식생활비 등 일상적인 비용부터 함께 살 때보다 훨씬 많이 든다. 황혼이혼에 따른 자산 손실이 평균 1억 1천만 원이라는 조사 결과도 있다.

맞벌이인 P 부장 부부는 이따금 씁쓸한 농담을 나눈다. "이혼하면 중산층에서 빈곤층으로 전락할 수밖에 없다. 마음이 멀어지더라도 경제공동체로 남아 있는 것은 필요하다." 이혼이 불러오는 다른 복잡한 문제를 제쳐놓고 물질적 타격만 고려해도 실질적 위협이 된다. 같은 공간에서 잠시도 있을 수 없을 만큼 적대적으로 바뀐 게 아니라면 다시 생각해볼 필요가 있다. 실리에 대한 공감대가 자녀양육을 대신하는 결혼 접착제가 되는 것도 나쁘지 않다.

애정의 온도가 떨어지고, 공동의 의무가 사라진 시기의 배우자는 자연스럽게 오랜 친구에 가까워진다. 절실한 것까지는 아니지만 꽤 필요한 존재다. 귀찮을 때만큼 기댈 때도 많다. P 부장은 노후 부부관계의 바람직한 모델로 '느슨한 동반자'를 지

218

향한다. 미국 가족 문제 전문가 주디스 월러스타인이 말하는 '대등한 파트너 사이의 친밀함과 자유로움이 균형 잡힌' 사이다.

사이좋게 늙어가는 노부부만큼 흐뭇한 모습도 없을 것이다. 그러나 친밀함이 지나친 의존이나 간섭의 빌미가 되면 곤란하다. 친밀함이 회전하는 물체의 구심력이라면, 자유로움은 원심력에 해당한다. 궤도를 이탈하려는 힘이다. 구심력과 원심력의 균형이 회전을 유지한다.

서로 마음에 들지 않는 것이 산적해 있더라도 공존하게 해주는 힘의 균형은 정신적, 물리적 여유에서 나온다. 바로 느슨함이다. 서로를 옥죄지 않는 좀 헐렁한 상태, 그래서 나름의 숨 쉴 공간이 있는 상태다. 그것은 같이 편안하게 나이 들어가는 틀 안에서 상호 의존과 독립이 적절히 섞인 노후 결혼생활의 자유다. 갈라서니 마니 사생결단을 하지 않고 동의 가능한 수준에서 관계를 지속하는 지혜다.

느슨함이 결혼이라는 소중한 관계의 단절을 막는 일종의 회색지대, 완충지대가 될 수 있을 것으로 P 부장은 믿는다. 부부 사이의 적절한 거리, 느슨함의 정도나 방식은 두 사람의 대화 과정에서 자연스레 도출된다. 다양한 스펙트럼이 가능하다. 해마다 갱신이 필요한 '결혼 연간계약서'처럼 문서화하는 방법도 있다. 암묵적 합의에 비해 상호 노력의 강제성을 높인 것이다.

일본에서 유행한 졸혼은 법적 이혼만 피한 상태다.《졸혼시대》의 저자 스기야마 유미코의 말처럼, 모든 것을 잃는 선택(이혼)에는 주저하지 않을 수 없다. 보통 부부의 바람은 '양자택일이 아니라 적당히 서로를 속박하지 않는 관계'일 것이다.

노년 부부를 위한 주옥같은 계명들이 많지만, P 부장은 '요구하지 않기'를 첫 번째 실천 지침으로 삼는다. 바라는 걸 아내가 해주면 고맙지만 '아니면 그만'이다. 모든 불만은 내 마음에 거슬리는 상대의 모습에서 출발한다. 기대치 자체를 낮추면 그만큼 편해진다.

P 부장은 어쩔 수 없는 게 아니면 직접 한다. 설거지 거리와 빨래가 쌓이고 거실이 어지럽혀져 있으면 수시로 처리한다. 자녀 교육이 끝나면 해야 할 게 많지도 않다. 아내의 요구에는 웬만하면 응한다. 이따금 '허를 찌르기도' 한다. 처가에 돈을 보낼 일이 생길 때 아내가 바라는 액수의 2배인 '더블'을 부르는 식이다.

이런 방식에는 부작용도 따른다. 부부 사이의 역학 관계에 비춰 나의 '호의'가 상대에겐 당연한 '권리'로 오해될 수 있다. 요구를 줄이는 것이 상대에 대한 무관심을 키우고 관계를 더 덤덤하게 만들 위험도 있다. 하지만 사소한 충돌의 여지를 대폭 줄여 황혼이혼 리스크를 낮추는 효과는 확실하다.

다음은 요청받지 않은 개입 또는 간섭을 하지 않는 것이다. 아직은 쉽지 않다. 그럼에도 상당히 줄였다. 아내가 먼저 말하지 않는 것에 대해선 되도록 관심을 끈다. 무조건 아내 편에서 공감 해주라는 조언은 거듭 입력했는데도 잘 실행되지 않는다.

이와 함께 집 안에서 별일 없이 함께 머무는 시간을 줄여볼 생각이다. 그런 시간이 많으면 그냥 넘어가도 좋을 일상의 자잘한 것들이 자꾸 눈에 들어오고 신경에 거슬리게 된다. 적절한 무관심이 정신 건강에 좋고 상대를 덜 피곤하게 한다. 특히 은퇴 직후는 부부싸움에 필요한 시간과 에너지가 넘쳐 '이혼의 최적기'라고 한다.

배우자와는 되도록 관계 증진에 도움이 되는 것만 함께하는 쪽이 '마찰은 줄이고 존재감은 키우는' 방법이다. 여행, 산책, 영화 관람 등이 거기에 해당한다. 그 외에 각자가 하는 것들이 있어야 서로 들려줄 얘깃거리도 생긴다. '따로 때때로 같이'다. 은퇴자 600명을 대상으로 한 조사에선, 하루 평균 네 시간 안팎을 배우자와 함께 지내며 그 시간을 늘리기보다 줄이기를 원하는 쪽이 많았다.

성숙한 부부관계는 나이 들어야 가능할지 모른다. 그것은 더 균형 잡히고, 조화로우며, 열린 관계다. 자녀 양육과 밥벌이의 부담이 사라지고 결혼의 속박이 느슨해질 때 가능한 관계다. 거기에서 누구의 남편 또는 아내라는 존재가 지우는 짐을 내려놓고 자신의 바람대로 살아볼 수 있는 여지가 생긴다.

젊은 시절에는 이런 관계를 생각하기 어렵다. 죽고 못 살듯이 뜨겁게 달아올랐다가는 얼음장처럼 차갑게 식는다. 강한 독점욕과 소유욕은 상대만의 공간이나 독립성을 인정하지 못한다. 자신의 기대에 어긋나는 상대를 받아들이는 여유가 없다. 결혼과 이혼의 양쪽 극단만 존재할 뿐이다. 그런 점에서 나이 들어 생기는 적절한 거리는 부부관계를 다시 인식하게 하는 청량제가 될 수 있다.

노후를 위한 성교육

★

**나이가 들면 섹스 행위 자체보다는 성적 친밀감에 무게를
두는 경향이 커진다. 육체적 만족감에서 정신적 만족감으로
무게중심이 조금씩 이동한다고 할 수 있다. 정신적 만족의
가중치가 높아지는 것은 성 행위에 대한 인식을 바꿔놓는다.**

남녀 관계에서 성 생활은 빼놓을 수 없는 부분이다. 새삼스
러울 게 없는 나이가 돼도 그 얘기를 입 밖으로 내는 것은 조심
스럽다. 함께한 세월이 몇십 년이지만 '화성 남자, 금성 여자'처
럼 상대의 속마음은 여전히 알기 어렵다.

나이가 든다고 성 생활의 이점이 사라지는 것은 아니다. 욕
구 충족을 넘어 남녀 관계를 원만하게 만들고, 육체와 정신 건강
에 도움을 준다. 면역 시스템, 심장 혈관, 골반 근육, 방광 조절

능력을 강화한다. '러브 호르몬' 옥시토신과 엔도르핀 분비를 통해 통증을 완화하고 남성의 전립선 암 위험을 낮춘다.

여성은 포옹만 해도 혈압이 떨어진다는 연구 결과가 있다. 《영국의학저널》에 실린 조사에선 일주일에 2~3차례 오르가슴을 느낀 남성보다 그렇지 못한 남성의 사망률이 2배 높은 것으로 나타났다. 심장발작과 뇌졸중을 일으킬 확률도 비슷한 차이를 보였다.

그러나 섹스는 논리가 아니라 감정의 문제다. 부부 양쪽의 욕구가 맞아떨어지지 않으면 건너뛰게 된다. 갖가지 고민과 스트레스에 시달리는 현대인의 삶에서 성 생활이 차지하는 비중 자체가 크게 줄었다. 뛰어난 의사소통과 로맨틱 기술이 없으면 부부 사이의 성적 긴장감을 지속하기 힘들다.

눈빛만 오가도, 스쳐 지나기만 해도 가슴이 벌렁거리고 진땀이 나던 것이 무덤덤함을 넘어 지겨워진다. 이른바 '의무방어전'을 치르는 수준에 머물기 십상이다. 나이가 들면 성 호르몬 분비와 같은 생물학적 변화의 영향을 크게 받는다. 유전자의 명령에 따라 생식 활동을 왕성하게 하던 시기를 한참 넘겼으니 성적 욕구나 기능의 둔화는 비교적 자연스럽다.

'한 달에 한 번 이하로 하는' 섹스리스 부부는 젊은 층에도 드물지 않다. 2016년 국내 한 조사에선 기혼자의 섹스리스 비율이 36.1퍼센트로 나타났다. 노후에는 그런 경향이 훨씬 심하다. 그 외형적 지표의 하나가 '각방 쓰기'다. 부부가 각자의 방에서 잠자면 아무래도 더 뜸해진다.

P 부장 부부가 각방을 쓴 지는 몇 년 됐다. 작은아들이 기숙사 딸린 고교에 진학하면서 넉넉해진 방의 숫자가 각방의 여유를 허용했다. 아침형 인간인 P 부장과 늦게 잠자리에 드는 아내가 서로의 잠버릇에 신경 쓰지 않아도 돼 수면의 질은 높아졌다. P 부장이 가끔 만나는 친구들의 사정도 엇비슷하다. 한 침대에서 둘이 손을 꼭 붙잡고 잔다는 보기 드문 유형도 있지만 다수는 각방을 쓴다. 편한 것까지는 좋은데 성적 욕구나 섹스의 타이밍을 맞추기가 힘들다는 게 공통적인 얘기다.

각종 조사를 보면, 결혼한 여성의 성적 욕구와 충동, 관심도가 남성보다 낮게 나온다. 어디까지나 '평균적으로' 그렇다는 얘기다. 생물학적, 사회문화적 요인에다 남성 중심의 섹스가 여성에게 그리 만족스럽지 못하다는 점 등의 이유가 작용할 것이다. 갱년기를 지나면서 아내의 섹스 기피가 크게 늘어 가슴앓이를 하는 남편이 적지 않다. 아내에게 신호를 보내도 도무지 시큰둥하다는 것이다. 아내가 가까이 오지 못하게 한다며 "무슨 대책이 없겠느냐"고 하소연하는 친구도 있다.

결혼이라는 제도 안에서 똑 부러지는 해답을 내놓기는 어렵다. 그 때문에 갈라서거나 바람을 피우는 등의 위험한 선택을 할 수는 없다. 전문가들에 따르면, 서로 솔직하게 감정을 내보이는 것이 최선이다. 마음의 상처를 입기 쉬워 조심스럽겠지만, 만족하지 못하는 쪽에서 진지한 대화를 이끌어낼 필요가 있다. 욕구가 작은 쪽의 협력하는 자세도 당연히 중요하다. 양쪽의 간극을 좁히려는 노력이 관계의 건강성을 담보하는 해법이라는 것이다.

상대가 되도록 부담을 덜 느끼는 타이밍과 분위기를 포착하는 센스도 도움이 된다. 로맨틱하지는 않지만 예전 달력의 빨간 동그라미처럼 '그날'을 정해놓는 것이 그런대로 효과적이라고 한다. 색다른 이벤트를 마련하고 에로틱한 분위기를 연출하면 더 나을 것이다. P 부장은 부부 1박 2일 여행을 선호하는 편이다.

노후의 섹스리스에는 나이 든 사람의 성 생활에 대한 주변의 부정적 눈길도 한몫을 한다. 성욕은 누구에게나 있는 자연스러운 본능이다. 그런데도 나이 든 사람이 그런 얘기를 입에 올리면 주책이 된다. 성적 자신감을 잃고 소심해지기 쉽다. 역으로, 성 생활의 중요성에 대한 강조가 강박관념으로 작용하기도 한다. 상대를 만족시켜야 한다는 부담으로 무리를 하게 되는 것이다.

성적 불만은 사실 섹스의 횟수보다 '질'에서 온다. 오랜 결혼생활에도 성에 대한 무지는 좀체 개선되지 않는다. 특히 남성이 문제다. 적잖은 남성이 여전히 '크고 단단한 성기 콤플렉스'에 시달리고, 정력 제일주의를 신봉한다. 인터넷에 넘치는 야동과 포르노의 환상에서 벗어나지 못한다. 여성의 오르가슴과 삽입에는 거리가 있다는 사실을 아직도 모르는지 피스톤 운동에만 열중하고, 자기만족으로 끝내곤 한다. 한쪽이 지속적으로 불만을 느끼는 섹스가 원만할 리 없다.

남성은 성기를 자극받은 뒤 평균 2~3분이면 절정에 이른다. 그 10배의 시간이 걸리는 여성과 함께 만족하는 방법을 고민하는 것은 당연한 책무다. 여성 성 전문가들은 "볼펜 누를 힘만 있어도 여성에게 오르가슴을 선사할 수 있다"고 강조한다. 나이나 건강이 큰 장애는 아니라는 얘기다.

나이가 들면 섹스 행위 자체보다는 성적 친밀감에 무게를 두는 경향이 커진다. 육체적 만족감에서 정신적 만족감으로 무게중심이 조금씩 이동한다고 할 수 있다. 정신적 만족의 가중치가 높아지는 것은 성 행위에 대한 인식을 바꿔놓는다. 사정이나 오르가슴을 고집하기보다는 폭넓은 성적 행위를 만족스럽게 받아들이는 것이다. 전통적 섹스가 아니라 포옹과 같은 접촉으로도 성적 친밀감을 느끼게 된다는 뜻이다.

젊은 시절에 견줘 성 생활의 스펙트럼이 넓고 다양해지는 것이 나이 듦의 미덕인지 모른다. 예전 같은 가슴 벅참이나 생기가 줄어드는 동시에 연애나 섹스에 대한 강박관념이 누그러진다. 성적 매력에 대한 열등감에서도 어느 정도 해방될 수 있다.

성적 욕구를 해소하는 다른 방법은 마스터베이션(자위)이다. 섹스의 이복동생이라고 할 수 있다. 상대가 있느냐, 혼자냐의 차이다. 그런데도 늘 어둠 속에 갇혀 누구도 입에 올리지 않는다. 자위에 대한 죄의식이나 수치심은 어느 나라에서나 비슷하다. 아랫도리를 벗고 야동을 보다 부모에게 들키는 장면이 전형적이다. 5060 남성에겐 몰래 돌려보던 미국 성인잡지《플레이보이》의 어렴풋한 기억이 떠오른다.

남자는 자위 뒤 자괴감에 빠지고, 여자는 너무 밝히는 것 같아 자위를 꺼린다고 한다. 하지만 자위만큼 자신의 감정에 솔직하면서도 부작용이 적은 해결책이 없다는 게 전문가들의 말이다. 섹스의 나쁘지 않은 보완재다. 싱글은 말할 것도 없고, 배우자가 있는 사람에게도 그렇다. 1980년대 미국 조사를 보면, 50대 남성의 66퍼센트, 여성의 47퍼센트가 정기적으로 자위를 하는 것으로 나타났다. 70대에선 그 수치가 각각 43퍼센트, 33퍼센트였다. 자위에도 '나이 상한선'은 없는 셈이다. 40년이 지난 지금은 그 비율이 더 높을 것이다.

자위에는 여러 장점이 있다. 기분과 건강을 좋게 하고, 임신과 성병 위험으로부터 안전하며, 상대의 기분에 맞출 필요가 없다. 특히 여성은 자위를 통해 만족스러운 것과 불편한 것, 성적 자극 등에 관한 직접적 정보를 얻을 수 있다고 한다. "자위는 건강하지 않으며, 비도덕적이고, 덜 성숙된 것이라는 인식으로부터 자유로워지는 게 무엇보다 필요하다. 매일 먹는 복합비타민제보다 확실히 낫다." 리 클린저와 데보라 니들먼이 미국 중장년 여성들을 인터뷰한 뒤 펴낸 책 《세월이 흘러도 여전히 섹시하다고요?(Still Sexy After All These Years?)》에서 강조한 얘기다.

섹스의 어두운 모습은 불륜이다. 혼외 섹스는 건강한 가정의 최대 위협이다. 이혼 통계에서도 불륜은 높은 순위를 차지한다. 하지만 낯선 자극을 찾는 동물적 본능을 결혼 제도만으로 묶어두기는 쉽지 않다. 성적 욕구와 만족도를 좌우하는 긴장감의 '천적'이 익숙함이기 때문이다.

2020년 화제의 드라마 〈부부의 세계〉의 대사처럼 바람피우고 싶은 욕망은 남성의 전유물이 아니다. 본능을 통제하고 가정을 지키는 것은 신뢰의 문제다. 배우자의 뒤통수를 치고 애써 모은 노후 자금을 엉뚱한 데 갖다 바치는 상대가 용서받을 수 있는 시대가 아니다.

불륜에는 면죄부를 줄 수 없고, 줘서도 안 된다. 하지만 사정이 천차만별인 남녀 관계의 답이 하나로 정해져 있는 것은 아니다. 노후 부부의 느슨한 관계는 성적 일탈로 인한 가정 붕괴의 감속재가 되기도 한다. 배우자의 '심리적 일탈'에 대한 어느 정도의 관대함도 마찬가지다. 노후는 성 문제가 다른 모든 것을 포기하게 할 만큼 절대적이지 않은 시기다.

부부도 친구처럼 바뀌어가는 노후에는 배우자의 남사친(남자사람 친구) 또는 여사친(여자사람 친구)에 대해 덜 민감한 게 좋다. 의심은 의심을 낳는다. 부부 사이의 오해를 줄이는 최선의 방법은 숨기지 않는 것이다. 모든 연락과 이동의 흔적이 남는 스마트폰의 개방이 대표적이다.

낡은 기종인 P 부장 휴대전화의 잠금 해제는 아내를 비롯해 가족 모두가 할 수 있다. 그러나 그는 아내 휴대전화의 해제 패턴을 굳이 알려고 하지 않는다. 혹시 바람 든 마음이 생기더라도 '착각에서 벗어나 현실로 돌아오도록' 시간을 갖고 기다려주는 것이 노후의 느긋함이다.

연애 2라운드

노후의 로맨스에는 정해진 행로나 종착지가 없다. 혼인까지 갈 수도 있고, '연애의 긴장'을 위해 계속 일정한 거리를 둘 수도 있다. 미국 킨제이연구소의 헬렌 피셔 선임연구원은 두 사람이 원하는 방식으로 파트너십을 형성할 수 있는 것이 나이 듦의 미덕이라고 말했다.

풋풋한 사랑을 하던 시절로 돌아갈 수는 없지만, 나이 들어도 연애는 얼마든지 가능하다. 왕성한 활동력과 늘어난 수명은 '연애 전선'에 나서는 시니어를 크게 늘렸다. 미국과 영국 등에선 나이 든 사람을 대상으로 한 데이트 서비스가 성황을 이룬다. 인터넷과 스마트폰이 노후 연애를 폭발적으로 증가시켰다.

부부도 언젠가는 혼자가 된다. 이혼과 독신도 예전보다 흔해졌다. 2019년을 기준으로, 한국의 65세 이상 싱글은 174만 명으로 집계됐다. 연애는 청춘의 대명사이지만, 노후에 더 성숙한 연애가 가능하다는 게 전문가들의 한결같은 얘기다. 철없을 때 가졌던 여러 환상이 사라진 뒤이기에 사람을 보는 눈이 많이 다르다.

파트너의 능력, 조건, 외모 등이 압도하는 젊은 시절에 비해 마음과 영혼이 통하는 '소울메이트'를 찾을 확률이 높아진다. 적당히 쭈글쭈글해지고, 그리 가꾸지도 않고, 무수히 많은 결점이 눈에 보이는데도 그 사람이 좋을 때, 그것은 순수한 애정이라고 할 수 있다.

예전 같으면 상상하기 쉽지 않았던 개그맨 김국진과 가수 강수지의 결혼도 그런 범주에 포함되지 않을까 싶다. 미국 캘리포니아에서 벌인 조사에선, 결혼으로 이어지지 못한 첫사랑을 다시 만났을 때 행복한 관계가 될 확률이 높은 것으로 나타났다. 〈줄리엣에게 보내는 편지〉와 같이 이런 내용을 다룬 영화도 적지 않다.

젊을 때는 대개 연애를 거쳐 결혼에 이르거나, 결혼 상대를 찾기 위해 연애를 한다. '연애의 무덤'으로 불리는 결혼이 목표 지점인 셈이다. 노후의 로맨스에는 정해진 행로나 종착지가 없다. 혼인까지 갈 수도 있고, '연애의 긴장'을 위해 계속 일정한 거리를 둘 수도 있다. 미국 킨제이연구소의 헬렌 피셔 선임연구

원은 두 사람이 원하는 방식으로 파트너십을 형성할 수 있는 것이 나이 듦의 미덕이라고 말했다.

"내가 선택한 것은 아니지만, 갑자기 혼자가 돼 다시 젊어진 느낌이 들기도 한다. 나는 같이 살 사람을 찾는 게 아니다. 그냥 즐거움을 나누고 저녁 식사를 함께할 사람이 필요하다. 함께 계획을 짜고, 휴일에 놀러 갈 사람을 그리워하는 것이다." 영국 일간지 《가디언》에 실린 64세 여성의 얘기다.

부부가 손잡고 함께 나이 드는 것이 좋지만, 새로운 연애 감정으로 설레는 '나 홀로 노년'도 나쁘지는 않다. 오랜 동반자인 배우자를 잃은 상실감과 다른 이성에 대한 끌림은 별개의 차원이다. 주위의 눈치를 볼 필요 없이 더 행복해지는 길을 가는 것이 바람직하다.

결혼한 적이 없는 독신은 좀더 자신감을 가져도 좋다. 젊은 시절 '연애 1라운드'에서 마음 맞는 파트너와 맺어지지 못했다고 해서 2라운드까지 소심해하거나 주눅 들어 있을 이유가 없다. 결혼, 육아, 배우자와의 이별 등으로 정신적·물질적 소진을 경험한 '돌싱'에 비해 연애 에너지가 넉넉한 셈이니.

그렇다고 연애에 강박관념을 가질 것까지는 없다. 노후는 솔로여도 부담이 적은 시기다. 이전에 비해 주위 시선으로부터 훨씬 자유롭다. 진정한 외로움은 혼자 있을 때가 아니라, 둘 또는 여럿이 있는 상황에서 홀로라고 느끼는 것이라고 하지 않나.

노후 연애의 최대 걸림돌은 성인자녀다. 혼자 된 노부모에게 적적함을 달래줄 이성을 만나보라고 권유하는 자녀들도 있다. 그러나 다수는 노부모의 재혼으로 원치 않는 감정노동과 골치 아픈 재산 분쟁을 겪을지 모른다는 우려를 떨치지 못한다. 특히 나이 차이가 많이 나는 노후의 재혼은 다른 의도로 오해받기 십상이다.

P 부장은 설령 혼자가 되는 상황에 놓이더라도 재혼할 생각이 전혀 없다. 혼인이라는 법률적 틀에서 벗어나면 여러모로 편하다. 같은 집에서 함께 사는 것과 각자 살림을 유지한 채 연애 감정을 이어가는 것 사이에서 선택지는 여러 가지다. 노후 생활비 측면에서 본다면 같이 사는 게 당연히 유리하다.

젊은 층에서도 흔한 동거는 노후에 더 적합한 생활방식이라고 할 수 있다. 임신 부담이 없고 외부의 눈을 의식할 필요도 없어 대등한 관계의 공동생활이 가능하다. 법적 관계를 맺지 않으면 다 커서 새 부모를 맞는 게 반가울 리 없는 성인자녀와의 마찰이나 얼마 되지 않는 재산을 둘러싼 잡음을 원천봉쇄할 수 있다.

반면에 나이 들어 법적 부부라는 형식을 통해 얻을 수 있는 실리는 별로 없다. 노후에도 혼인이라는 이름으로 상대를 구속하려 하는 것은 P 부장이 생각하는 느슨한 관계와도 거리가 멀다.

재혼을 한다면 상속 문제가 불거지지 않도록 분명하게 매듭을 지어두는 것이 모두에게 행복한 선택이다. 이를 위해선 가족 구성원 사이의 사전 합의가 필요하다. 현재의 민법 규정만으로는 재혼 가정의 상속 문제를 깔끔하게 해결할 수 없다.

　　성인자녀에게 증여의 방식으로 미리 재산을 나눠준 뒤 재혼을 하는 쪽이 바람직하다. 재혼 이후의 상속과 관련해선 노부모의 뜻에 이의 제기를 결코 하지 않는다는 확약을 받아놓는 게 좋다. 증여보다 상속이 낫겠다고 생각한다면, '상속 때 재산분할'을 명시한 유언장을 작성할 필요가 있다. 여기에 자녀의 서명까지 받아 공증을 해두는 게 화근을 남기지 않는 방법이다.

　　돈을 보고 함께 살려는 것이 아닌 만큼 재혼 상대와도 재산 문제만큼은 분명히 해놓아야 불필요한 불화를 예방할 수 있다.

친구는 가족이다

★

**P 부장은 음악, 학습, 운동, 여행 등의 동호인 모임을 통해
직장 바깥의 새로운 사람을 만날 생각이다. 사는 아파트 근처
주민센터에서 운영하는 드럼교실은 드럼을 좋아하는 동네
사람들과 친분을 맺는 다리가 됐다.**

P 부장이 데면데면하게 지내던 친구들에게 휴대전화 문자
를 보내기 시작한 것은 50대 초반 무렵이다. 혹시나 중단되지 않
을까 조바심을 내며, 열도록 재촉한 모임도 있었다. 목마른 사람
이 우물을 파는 것처럼 관계의 소중함을 더 느끼는 사람이 먼저
움직여야 한다는 생각에서다. 각자도생의 시대에 저절로 굴러가
는 인간관계는 없다.

나이와 외로움은 비례한다. 관계망이 쪼그라드는 퇴직 뒤에

는 외로움의 시간과 깊이가 한결 더하다. '진짜 친구'가 드물다는 사실을 깨닫는 것도 그즈음이다. 나이 들어 좋은 친구를 만드는 것은 낙타가 바늘귀를 통과하는 것이나 다름없다. 이해관계를 생각지 않는 순수함을 잃은 지는 오래고, 새로운 관계 맺기는 갈수록 부담스러워진다. 가만히 있으면 점점 외톨이가 되고 만다.

사교적이지 않은 P 부장에겐 스스럼없는 친구가 얼마 남지 않았다. 한때 가까웠던 친구들도 시간이 지나면서 연락이 드문드문해지다 마침내 끊겼다. 철모르던 시절과 달리 생활수준과 사고방식의 차이도 커졌다. 그의 동창 모임에선 태극기 집회에 나가는 친구와 문재인·조국을 옹호하는 친구 사이의 설전이 심심찮게 벌어진다.

예전에 어울렸던 기억이나 같은 학교를 나왔다는 인연만으로 관계를 이어가기는 쉽지 않다. 업무를 매개로 맺은 관계는 퇴직과 함께 대부분 사라진다. 한 은퇴자 대상 조사에선, 교류하는 친구가 평균 10명, 마음을 터놓고 지내는 사이는 네 명인 것으로 나타났다. 남성의 친구 맺기는 동창·직장·고향과 같은 연고 중심이고, 여성의 경우는 이웃·취미·자녀의 비중이 상대적으로 높았다.

미국의 시니어비즈니스 전문가 메리 펄롱 박사는 '노후의 친구는 가족'이라고 강조했다. 나이가 들면서 가족과 친구의 구분과 경계가 점점 희미해지는 '가족의 재구성'이 일어난다는 것이다. 같은 집에 살던 가족 구성원과의 관계가 느슨해지는 반면에 주변 사람의 존재 가치가 커진다. 노부모가 세상을 떠나고, 자녀는 독립하고, 배우자는 친구처럼 바뀌는 시기와 맞물려 벌어지는 현상이다. '절친'은 "자신이 선택한 가족"인 셈이다.

가족이나 친구와 강력한 유대를 가진 사람은 당연히 자기존중감과 생활 만족도가 높고, 우울과 건강 우려가 덜하다. 그런만큼 좋은 친구를 만들기가 어렵다고 포기할 수는 없다. 노후에는 비슷한 생각과 관심사를 가진 사람들 사이의 친밀한 관계를 위해 훨씬 많은 시간과 에너지를 쏟을 여유가 있다.

첫 단추는 스스로 좋은 친구가 되겠다는 마음가짐이다. 흔히 얘기하듯이 상대방이 나에게 해주기를 원하는 대로 행하는 것이다. P 부장은 달마다 북한산 등 가까운 산을 함께 찾는 작은 모임에서도 그런 싹을 발견했다. 모임 회장 격인 친구는 늘 다른 멤버를 배려한다. 산행 준비부터 비용 부담까지 궂은일을 마다하지 않는다. P 부장이 이전에 알던 그와 사뭇 다른 모습이다. 모임을 이끄는 친구가 가장 큰 짐을 지려 하니 다른 친구도 마음을 더 열고 참여하게 된다.

경청은 언제나 권장되지만, 자신을 찾는 친구의 말에 귀를 기울이는 게 참으로 중요하다. 친구를 찾는다는 것은 얼굴을 마주 봐줄 사람, 이야기를 들어줄 사람이 필요하다는 절박함의 표

시다. 친구가 연락해왔을 때 소홀하게 대하는 것만큼 어리석은 일은 없다. 누구나 자신이 필요할 때는 이리저리 수소문을 해서라도 친구의 연락처를 찾아내지만, 다른 친구가 절실하게 원할 때는 둔감하기 쉽다. 친구를 잃는 가장 큰 이유다.

많은 사람이 직장을 다니는 동안에는 친구를 그저 그런 존재로 여긴다. 이리저리 바쁜 일이 많으니 따로 시간을 내는 게 썩 내키지 않는다. 그러다 퇴직하면 시간은 넘쳐나는데 씁쓸하게도 친구는 떠나고 없다. 시간과 친구를 맞바꾼 셈이 된다. 우정을 통해 얻는 행복이 가장 비용이 적게 든다고 한다. 우정에는 돈이 아니라 시간과 노력이 필요하다.

인간관계가 늘 깊고 친밀할 수는 없다. 가벼운 마음으로 새로운 사람을 만나는 것은 설렘과 신선한 자극을 준다. 그러다 마음이 통하면 자연스레 관계의 농도가 짙어지고 막역한 사이가 될 수도 있다. 가벼운 만남은 이웃이나 취미가 중심이 될 수밖에 없다. 공통의 관심사가 있어야 자연스러운 만남이 생기고 관계가 생명력을 갖는다. 동호회가 그 전형이다.

P 부장은 음악, 학습, 운동, 여행 등의 동호인 모임을 통해 직장 바깥의 새로운 사람을 만날 생각이다. 사는 아파트 근처 주민센터에서 운영하는 드럼교실은 드럼을 좋아하는 동네 사람들과 친분을 맺는 다리가 됐다. 지역 주민들 사이의 만남이다. 드

럼교실에 오는 사람은 작은 교회 목사, 조그마한 옷집 주인, 학원 강사, 퇴직한 TV 촬영감독과 경찰간부 등 하는 일과 나이가 제각각이다. P 부장이 2년 전부터 재미 들리기 시작한 제기차기는 또 다른 만남의 계기다. 같이 어울려 제기 차는 사람들이 하는 일 또한 부동산중개부터 개인택시 운전까지 다양하다.

이런 만남에는 부담도 따른다. 각자가 바라는 관계의 방식과 깊이가 다르기 때문이다. P 부장이 가끔 나가던 고교 동창 등산 모임은 산을 오르는 시간보다 내려와 술을 먹는 시간이 훨씬 길었던 탓에 참석자가 많이 줄었다. 배드민턴 동호회에 나가는 그의 동료도 비슷한 어려움을 하소연했다.

혼자는 외롭고, 함께하면 피곤한 것이 모든 관계의 본질이다. 그래서 P 부장은 처음부터 관계 맺기의 선을 분명히 하는 편이다. 마음이 불편해지지 않는 적절한 거리에서 만족하는 것이다. 자신의 솔직한 태도를 받아들이는 사람이나 모임과는 관계를 계속 갖겠지만, 아니라면 깔끔하게 정리한다. 새롭게 만나는 사람의 눈까지 의식하며 살기에는 남은 인생이 그리 길지 않다.

6부

권태

—

내리막에서
얻은
여유

루틴은 소중하다

늘 정해진 시간에 정해진 몇 가지를 하면 일상에 훨씬 짜임새가
생긴다. 먹고 자는 것 외에도 지속적으로 하고 싶은 뭔가 말이다.
그것은 가치 있는 일일 수도, '시간 죽이기' 오락일 수도 있다.
P 부장은 노후를 권태롭지 않게 할 거리를 몇 가지로 분류했다.
특별한 게 아니라 시간이 나면 하려던 것들이다.

P 부장은 내심 정년퇴직이 빨리 왔으면 하고 바란다. 할 만
한 일이 별로 없는 회사를 다니는 지금보다는 더 행복할 것이라
는 기대에서다. 그러나 직장생활을 마감하면 넘치는 시간에 허
우적거릴 우려가 크다. 너무 많은 자유시간은 대다수에게 버겁
다. '백수가 과로사한다'는 농담처럼 처음 얼마 동안은 이것저것
정신없이 하다가도 시간이 좀더 지나면 시들해진다. 권태 리스

크다. 서형수 저출산고령사회위원회 부위원장은 "퇴직 뒤 좋아하는 골프를 날마다 즐기던 사람도 6개월이 지나니 어떻게 시간을 보내야 할지 몰라 힘들어했다"며 '노후 생활 콘텐츠'의 중요성을 강조했다.

일하지 않는 퇴직자만 그렇게 느끼는 게 아니다. 정해진 일거리나 일정 없이 며칠을 쉬어보면 금방 안다. 좀이 쑤신다. 오래 누워 있거나 자고 싶어도 몸이 허락하지 않는다. 허리가 아프고 밤잠이 오지 않는다. 중독성 강한 게임·도박·포르노가 덜 지겹다. 그러나 그런 것만으로 기나긴 노후를 보낼 수는 없다. 무료함을 달래려 엉뚱한 생각을 하다가는 남은 생을 망가뜨리는 '사고'를 치기 쉽다.

무엇보다 시간 관리가 중요하다. 부족한 시간을 쪼개던 젊은 시절과 달리 지루함을 덜기 위해서다. 돌이켜 보면 세월은 총알처럼 빠르게 지나갔는데 하루는 참 길다. 나이 든 사람의 공통적인 시간 감각이다. 세끼 밥 먹는 것 외에 딱히 하는 게 없고 순간순간이 무미건조하게 느껴지기 때문일 것이다.

우선 필요한 것이 생활 리듬이다. 직장이 주던 '일과 휴식'의 리듬을 대신할 일상의 리듬 말이다. 뭔가를 하는 시간과 쉬는 시간, A를 하는 시간과 B를 하는 시간, 바깥에 나가는 시간과 집에 머무는 시간. 매듭이 있어야 시간의 흐름이 감지되고 무료함과 권태가 덜하다. 그렇다고 매번 색다른 거리를 생각해내거나 고민하는 것은 너무 피곤하다. 끼니때마다 무엇을 먹을지 결정하는 게 가장 힘든 것처럼.

이럴 때 요긴한 것이 루틴(routine)이다. 루틴은 되풀이되는 일상을 말한다. 루틴하다고 하면 판에 박힌 듯이 반복적이라는 부정적 느낌이 강하다. 그러나 루틴은 일상을 지탱하는 중요한 축이다. 수학의 공식, 문장의 관용구와 같은 구실을 한다. 의식하거나 고민하지 않고 쓰는 것들이다. 먹고 자는 것 외에도 지속적으로 하는 뭔가를 말한다. 정해진 시간에 그것들을 하면 일상에 훨씬 짜임새가 생긴다. 그것은 가치 있는 일일 수도, '시간 죽이기' 오락일 수도 있다.

P 부장은 노후를 권태롭지 않게 할 거리를 몇 가지로 분류했다. 특별한 게 아니라 시간이 나면 하려던 것들이다. 그런 것을 하는 하루의 규칙을 정할 생각이다. 학생들이 방학 때면 만드는 시간표처럼. 그러다 다른 상황이 생기면 일정을 바꾸면 된다. 밭일, 돌봄 등 어느 정도 시간이 필요한 일거리까지 있으면 너무 바쁘다고 투덜거릴지 모른다.

첫 번째가 마음을 살찌우는 책 읽기다. 누구나 쉽게 할 수 있는 것이다. 되도록 오전 일과로 집 근처 도서관을 찾는다. 간단한 걷기와 장소 전환의 효과는 덤이다. 가벼운 책이라면 서너 시간에 한 권을 끝낼 수 있다. 빠지는 날, 두꺼운 책, 정독이 필요한 책들도 있다. 이런 속도로 읽으면 1년에 300권, 10년에 3천 권을 읽을 수 있겠다.

소설, 실용서부터 철학서까지 닥치는 대로 보는 '잡독 스타일'인 P 부장에게 읽고 싶은 책이 부족할 리는 없다. 한 권을 꼭 다 읽을 필요는 없다. 발췌 읽기를 해도 되고, 읽다가 다른 책으로 갈아타도 좋다. 책 읽기는 곧 생각하는 행위다. 논리적이든 정서적이든 머리를 쓰기에 치매 위험을 조금이나마 줄여준다.

다음이 영화와 드라마, 다큐 보기다. 아직은 직장 일로 시간이 넉넉지 않아 케이블방송이나 IPTV 위주다. '죽기 전에 봐야 할'이라는 수식어가 붙은 영화 가운데도 못 본 게 수두룩하다. 여러 번 봐야 맛을 온전히 느낄 만한 작품도 적지 않다. 넷플릭스 시리즈물에 걸리면 정신없이 시간이 간다. 때때로 외식을 겸해 영화관을 찾을 수도 있다. 친구 부부는 별일이 없으면 매주 한 편씩 영화 관람을 한다.

P 부장은 저녁 식사 뒤 두 시간을 영화·드라마에 할애하려 한다. 그는 작품의 이야기 전개와 추리에 흥미가 많은 편이다. 두뇌 회전에 도움이 된다. 예능 프로와 스포츠 경기, 바둑, 당구 등 더 재미있는 볼거리도 곁들일 것이다. 보고 듣는 재미는 눈과 귀 말고도 머리, 목, 허리가 아프지 않아야 지속적으로 얻을 수 있다. 건강은 즐거움을 누리기 위해서도 필요하다.

다음은 삶의 주제인 노후와 외국어 공부다. 오후 시간이 적절하다. 오전인 독서 시간과 맞바꿀 수도 있다. 네 번째인 운동은 지금처럼 아침과 저녁 두 차례로 나눠 할 생각이다. 그 연장선에서 주말마다 할 산행도 빼놓을 수 없다. 대도시에서 산에 접근하기가 한국처럼 쉬운 나라는 드물다. 등산을 제대로 즐길 만한 산에 시내버스와 지하철로 갈 수 있는 것은 행복이다. 산이 국민의 노후 건강 유지, 의료비 절감, 행복지수 제고에 기여하는 효과를 돈으로 계산하면 엄청날 것이다.

독서, 영화·드라마 감상, 운동, 공부 그리고 주말 등산이 P 부장의 퇴직 뒤 일상이다. 주변 퇴직자에게서 흔히 보이는 패턴이다. 이런 루틴만 해도 시간 공백이 별로 없다. 악기 연주 등 다른 취미를 위한 시간도 필요하다. 공부 대신 농사, 등산 대신 낚시, 운동으로 수영 등 각자의 취향에 따라 루틴의 내용을 달리하면 된다. 인생은 사실 별게 아니다. 자신에게 허용된 시간을 쓰면서 하루하루 사는 것이다.

시간만큼 공평하면서도 주관적인 게 없다. 하루는 누구에게나 똑같이 24시간이다. 그렇지만 순식간에 지나갈 때도, 무겁게 움직이는 초침이 원망스러울 때도 있다. 아인슈타인의 상대성이론은 물리적일 뿐 아니라 정서적이다. 잘 산다는 것은 결국 만족스럽고 즐겁게 시간을 보낸다는 뜻이다. 그 시간을 어떻게 받아들이고 거기에 어떤 의미를 부여하느냐는 자신에게 달렸다.

외국어의 바다에 빠지다

★

**초급 단계에선 길을 이탈하지 않도록 돕고 지겨움을 덜어주는
안내자가 있으면 좋다. 주민센터·문화센터에 개설된 입문
과정이나 인터넷 강의가 덜 힘들게 외국어를 맛보는 방법이다.
성인 대상 외국어 학습지를 받아보면 주 1회 찾아오는 강사가
공부를 이끌어준다.**

외국어 도전은 버킷리스트의 단골 항목이다. 다른 나라 사
람과 술술 말하고 싶은 '외국어 로망'은 누구나 갖고 있다. 모르
는 단어를 하나씩 깨칠 때 오는 소소하지만 확실한 재미도 있다.
그러나 어느 정도 익힐 때까지 시간이 많이 걸리고 외울 게 많아
중도 포기하는 사례가 숱하다. 상당한 끈기와 열성을 요구한다.

P 부장은 외국어 공부 예찬론자다. 주변의 중장년에게 적

극 권한다. 외국어 구사 능력이 주는 실질적 이익 때문이 아니다. 외국어 공부를 하는 과정에서 얻는 만족감이 매우 크다고 생각해서다. 나이가 들수록 잠시라도 자신을 잊어버리고 몰입하게 하는 그 뭔가가 있다면 무엇보다 값질 것이다. 두뇌의 지속적 활용은 신체기능 활성화와 더불어 생활 전반에 활력을 가져온다.

P 부장은 사실 한때 외국어 기피증에 시달렸었다. 대학 입시에서 영어 과목을 망친 뒤 영어와 담을 쌓기도 했다. 그러나 '영어 공화국'인 한국에서 지적 노동으로 생계를 이어가는 사람이 영어가 쳐놓은 그물망을 빠져나가기는 쉽지 않다.

스스로 쌓은 담을 무너뜨린 뒤로는 거꾸로 강박증에 걸린 사람처럼 외국어를 '폭식'하기도 했다. 숱한 시행착오를 거치고 50대에 이르러서야 외국어와 편하게 마주할 수 있게 됐다. 다양한 어학 공부 경험으로 다른 외국어를 배우는 데 따른 부담이 크게 줄어들었다.

실제로 쓸 데가 딱히 없다고 해도 외국어 공부는 기본적으로 치매 예방에 도움이 된다. 여기에 해외여행 같은 계기가 생기면 한층 동기부여가 된다. 20년 전 P 부장의 중국어 입문도 그랬다. 중국을 오갈 기회가 많이 생길 텐데, 까막눈으로 시간을 보내는 것이 안타깝다는 생각에서 출발했다. 현지에서 글자가 눈에 들어오고 사람들의 대화가 조금이라도 들려 훨씬 알찬 여행이 됐다. 여행 자체가 '실전 중국어'를 연습할 수 있는 배움의 연장선이라 재미도 배가됐다.

　외국어 공부는 가성비가 높다. 시간은 많이, 돈은 적게 필요로 한다. 퇴직 이후에 꼭 맞는 활동이다. 디지털 시대는 비용과 편의의 두 측면에서 외국어 도전의 문턱을 엄청나게 낮췄다. 《성문종합영어》 세대인 P 부장에게 요즘의 외국어 학습 환경은 '상전벽해'다. 그가 일본어 공부에 전념할 때인 1980년대 말만 해도 문법책에 월간 잡지, 어학 테이프가 거의 전부였다. 테이프가 다 늘어지도록 되풀이해 듣는 것 외에 손쉬운 회화 공부 방법이 없었다.

　요즘은 유튜브에 외국어 관련 동영상이 넘쳐난다. 유튜브의 광고가 짜증스럽다면 네이버 오디오클립과 팟빵의 어학 강좌를 이용해볼 만하다. 저렴한 인터넷 강의도 흔하다. 종류가 너무 많아 무엇을 선택할지가 고민스러울 지경이다. 스마트폰 하나로 웬만한 외국어의 독학이 가능하다.

　특히 번역 기술의 발달이 독학에 날개를 달아주었다. 파파고와 구글 번역기를 쓰면 말로도 외국어 단어와 표현을 찾을 수 있다. 종이 또는 인터넷 사전 뒤적이는 시간을 획기적으로 줄였다. 기본적인 말하기 연습 정도는 이걸로 충분히 가능하다.

　용기만 내면 언제든 네이티브와 소통할 수 있는 길도 열려 있다. 언어 교환 앱 탄뎀과 헬로우톡 등이 그 연결 다리다. P 부장은 이런 앱으로 지구 반대편 남미 사람들과 스페인어-한국어 공부를 서로 돕는다. 말이 어느 정도 되는 사람들끼리 회화 연습을 하는 것이 가장 효과적이지만, 초보자들도 활발하게 교류한다. P 부장에겐 하루 한 명꼴로 대화 신청이 들어온다.

외국어 공부가 쉬운 것은 아니다. 혼자 깨치기 어렵고 진도가 나가지 않아 지겨워질 때가 잦다. 기억력은 당연히 젊을 때보다 훨씬 못하다. 꾸준히 해도 내공이 잘 쌓이지 않는다. 자주 하는 농담처럼, 머릿속에 들어오는 것보다 빠져나가는 어휘가 더 많다는 생각이 든다.

잊고 또 잊을 때는 '이걸 왜 하고 있나' 하는 짙은 회의감에 사로잡히기도 한다. P 부장처럼 외국어 공부의 '고수'라고 할 만한 사람도 때때로 찾아오는 좌절과 낙담을 떨치기가 쉽지 않다. 새로운 도전이 작심 3일로 끝나기 쉬운 이유다.

초급 단계에선 길을 이탈하지 않도록 돕고 지겨움을 덜어주는 안내자가 있으면 좋다. 주민센터·문화센터에 개설된 입문 과정이나 인터넷 강의가 덜 힘들게 외국어를 맛보는 방법이다. 성인 대상 외국어 학습지를 받아보면 주 1회 찾아오는 강사가 공부를 이끌어준다. 활자세대인 5060에겐 종이가 주는 질감과 어린 시절을 떠올리게 하는 향수가 덤이다. 공부의 즐거움과 정신적·물질적 부담이 균형 잡힌 방식들이다.

어떤 공부든 결국에는 스스로 하는 것이다. 특히 외국어 공부는 자신이 의미 부여를 하고 작은 진전의 재미를 소중하게 여길 때 지속 가능하다. 그런 면에서 나이 듦이 주는 여유와 느긋함은 외국어 학습에 큰 이점이 된다. 10년, 20년, 아니 남은 평생 벗 삼아 하겠다는 생각을 가지면 한결 느긋해진다. 단기간에 승부를 보겠다는 욕심은 금물이다. 여기서도 '파리 눈물만큼'이다.

P 부장은 인터넷을 통해 무료로 다양한 외국어를 맛보았다. 스페인어는 중급까지 도전해봤고, 베트남어, 독일어, 프랑스어, 아랍어 그리고 러시아어에 발을 담가봤다. 계속 공부하지 않는 이상 한번 배운 것은 금방 까먹는다. 그럼에도 그 언어가 더 이상 낯설지 않게 되는 것은 큰 소득이다. 새로운 계기가 생기면 언제든 훨씬 가벼운 마음으로 다시 공부할 수 있는 토양이 마련된 것이다.

기초 아랍어가 특히 인상적이었다. 지렁이같이 생긴 아랍어 철자는 도무지 이해 불가로 여겨졌다. 글자와 단어를 잊는 속도가 여느 외국어보다 빨랐다. 그러나 아랍어 구성 원리를 들여다보니 '언어를 이런 식으로 만들고 쓸 수도 있구나' 하는 생각이 절로 들었다. 외국어를 배우다 보면 전혀 다른 사고방식과 생활을 이해하는 데 한 걸음 더 다가가게 된다.

5060 외국어 입문

✱

**모든 어학 공부의 첫걸음은 듣기다. 듣기가 되지 않으면
대화와 소통이 불가능하다. 읽고 이해하는 것은 아무리 느려도
나의 속도로 할 수 있다. 그러나 듣기는 상대방의 말에
맞춰야 한다. 상대가 무슨 말을 했는지, 나의 질문에 어떻게
대답했는지를 알지 못해 그다음 얘기를 이어갈 수 없는 것이다.**

외국어 공부에는 노력과 끈기 못지않게 요령이 중요하다. 무작정 삽질하기보다 땅을 잘 훑어보고 파는 게 좋다. 길을 잘못 들어서면 금방 싫증을 내고 포기하게 된다. 대학 입시나 입사 시험 같은 절박한 필요가 있는 게 아닌 5060에겐 무엇보다 비용이 적게 들고 덜 지겨운 게 최고다. 외국어 고수나 공부법이 수두룩함에도 몇 가지 개략적 요령을 제시하는 이유다.

활용도가 높고 상대적으로 친근한 영어, 중국어, 일본어부터 시작하는 게 바람직하다. 실제 성인 외국어 학습자의 대다수가 3개 국어에 집중돼 있다. 여행 지역이 정해진 뒤 준비 기간에 그 언어를 맛보는 것도 흥미를 높이는 공부 방법이다. P 부장은 스페인과 베트남 여행을 앞두고 스페인어와 베트남어 초급 과정을 한 차례 훑어봤다. 현지에서 써먹을 생각에 지루함이 훨씬 덜했다.

과욕은 금물

무엇보다 과욕을 버려야 한다. 처음부터 배운 건 외워야지 하며 의욕만 앞세웠다가는 금방 나가떨어진다. 학생 시절《성문기본영어》나《성문종합영어》의 첫 단원인 명사 편만 죽어라고 파고든 씁쓸한 기억이 있을 것이다. 배운 것을 까먹지 않으려 그 부분을 계속 붙들고 있으면 앞으로 나아갈 수 없다.

배운 뒤 잊는 것은 당연하고 나이 들어선 더욱 그렇다. 거기에 구애받지 말고 초급이든 중급이든 전체를 죽 훑어본 다음 반복하면 질리지 않고 내공도 조금씩 쌓인다. 글자, 문법, 회화 등 입문 단계의 영상이 20개라면 20편까지 다 본 뒤 다시보기를 하면서 이해와 암기를 늘리는 것이다.

어느 정도 기본을 갖춘 영어라면 자신의 필요와 수준, 취향에 맞는 학습 방식을 찾는 게 중요하다. 인터넷에 나오는 수많

은 영어 공부법과 동영상 가운데 내키는 것들을 골라 보면서 혼
자 공부하면 된다. P 부장은 영어 뉴스나 다큐, 영화·드라마 보
기를 선호한다. 정보 또는 재미와 학습 효과를 동시에 얻을 수
있어서다.

한자라는 무기

중국어와 일본어 학습에선 한국인의 특성을 최대한 살릴
필요가 있다. 한국인이 배우기 쉬운 외국어 1위가 어순까지 같
은 일본어, 2위가 중국어다. 주요 어휘가 한자에서 출발한다는
공통점 때문이다. P 부장과 같은 5060은 한자를 배운 세대이기
때문에 맨땅에 헤딩하듯 무작정 외우지 않아도 된다. 물론 사용
하는 한자 단어의 뜻 사이에 차이가 나는 것들도 적지 않다.

일본어의 고유어는 가나로 돼 있지만, 주요 개념어는 대부
분 한자다. 일제강점기 일본 근대 용어의 대부분이 한국어에 그
대로 이식됐다. 한자를 배운 사람은 의미 이해를 거저먹고 들어
가는 셈이다. 중국 문자인 간체는 복잡한 한자를 간략하게 만든
것일 뿐이어서 꾸준히 보면 감이 온다.

관건은 발음이다. 발음을 모르면 알아듣지도 말하지도 못
한다. 특히 일본어는 읽는 방식이 복잡하기로 악명 높다. 일본어
한자 읽기를 위한 사전이 별도로 있을 정도다. 예를 들어, '배울
학(學, 일본 한자는 学)'을 소리로 읽으면(음독) '가쿠', 뜻으로 읽

으면(훈독) '마나부'다. 적자가 났다고 할 때의 '적-자(赤-字)'를 '아까(훈독)-지(음독)'로 읽는 것처럼 한 단어에 두 방식을 섞기도 한다. 적(赤)을 소리로 읽으면 '세키'다. 적십자(赤十字)는 '세키주지'라고 발음한다.

학습 요령은 우리 한자 발음과의 유사성을 찾는 것이다. 학-교(각-코), 철학(데쓰-가쿠), 학대(갸쿠-타이)에서 보듯이 '학이라는 한자는 대체로 가쿠, 갸쿠로 발음이 나는구나!'라고. 같은 한자가 일본어에서는 다르게 소리가 나는 사례로는 휴-식(休息, 규-소쿠)과 휴-대(携帶, 게이-타이)를 들 수 있다. '휴'와 '규'의 유사성은 금방 와 닿는다. 반면에, 휴대한다는 뜻인 '휴'가 '게이'로 소리 나는 것은 의외다. 이렇게 규칙성을 찾고 예외적 발음을 외우면 한결 쉽게 익힐 수 있다.

중국어는 한자 하나하나가 기본 단위다. 발음이 하나로 거의 고정돼 있다. 성조 외우기는 너무 힘들어 알파벳 발음만 먼저 익히는 게 좋다. 우리와 아주 유사한 것도 있고, 차이 나는 것도 있다. 학-교(쉐-샤오), 학-생(쉐-셩), 대-학(따-쉐)에서 보듯이, 학(쉐)과 교(샤오)에 비해선 생(셩)과 대(따)의 유사도가 높다. 우리말에서 '대'로 소리 나는 한자가 중국어에선 '大-哥(따-꺼)', '代-理(다이-리)', '对-象(두이-샹)' 등으로 유사하게 발음되는 것을 볼 수 있다.

발음이 왜 이리 어려운가 하고 짜증이 날 때는 원리를 한번 생각해보면 도움이 된다. 모든 어휘는 '구별하기'의 필요성에서 출발한다. 세상이 발전하고 복잡해질수록 다르게 표현해야 하는 것이 기하급수적으로 늘어난다. 먼 옛날에는 집이란 단어 하나만 필요했다면, 지금은 단독, 연립, 아파트, 오피스텔, 원룸 등 여러 가지 단어를 쓸 수밖에 없다.

일본어는 50개로 제한된 가나로 한자어를 포함한 모든 단어를 구별해야 한다. 그러다 보니 중복을 피하기 위해 음+음, 뜻+뜻, 음+뜻, 뜻+음 등의 방식을 동원한 것이다. 중국어 또한 수많은 한자에 제각각 다른 발음을 부여할 수가 없어, 성조를 추가했다. 4성이므로 한 글자에 네 개의 다른 발음이 나온다. 두 글자 단어라면 이론적으로 16가지(4×4) 발음이 가능하다.

한국어는 글자를 금방 알 수 있지만, 발음 규칙이 매우 복잡해 외국인이 배우기 힘들어한다. 뜻글자인 일본어와 중국어는 발음이 어렵다는 단점과 함께 금방 뜻을 알 수 있다는 장점이 있다.

쓰기의 생략

다음 요령은 손으로 쓰지 않는 것이다. 과거에는 글자를 직접 쓸 줄 알아야 했고, 지금도 단어와 문장을 쓰면서 외우는 게 정공법이다. 영어·스페인어 등 서구 언어는 알파벳과 발음의 유사성이 커, 그런대로 쓰기의 효과를 얻을 수 있다. 하지만 한자를 제대로 외워 쓰는 데는 엄청난 시간이 든다. 초·중급 단계에서는 굳이 그럴 필요가 없다.

눈으로 글자를 구분하고 읽을 줄 알면 된다. 읽기는 쓰기에 비해 시간과 노력이 훨씬 덜 든다. 고급 수준의 일본어를 구사하는 P 부장도 지금은 단어를 제대로 쓰지 못한다. 그것까지 머릿속에 저장해두기에는 에너지 낭비가 너무 커, 실용성이 낮은 부분을 포기한 것이다.

요즘은 글도 컴퓨터나 휴대전화로 작성하므로 글자의 획이 아니라 발음의 알파벳 표기를 아는 게 더 중요하다. 일본어와 중국어 문서 프로그램은 모두 '발음 알파벳을 입력해 한자로 바꾸는 방식'을 쓴다. 일본어에선 gaku가 学로, dai가 大로, 중국어에선 xue가 学로, da가 大로 변환된다. 한두 개 철자만 입력하면 사용 빈도에 따라 단어가 자동완성 방식으로 나열되므로 그중에서 고르면 된다. 손으로 쓰는 게 꼭 필요하다면 그때 익혀도 늦지 않다. 물론 손 글씨의 재미를 위해 쓰는 연습을 하는 것도 좋겠다.

듣기의 생활화

모든 어학 공부의 첫걸음은 듣기다. 듣기가 되지 않으면 대화와 소통이 불가능하다. 읽고 이해하는 것은 아무리 느려도 나의 속도로, 사전도 찾아가면서 할 수 있다. 그러나 듣기는 상대방의 말에 맞춰야 한다. 인사말 몇 마디 입에 붙은 정도로는 10

초 이상 대화가 되지 않는다. 상대가 무슨 말을 했는지, 나의 질문에 어떻게 대답했는지를 알지 못해 그다음 얘기를 이어갈 수 없는 것이다.

말하기 연습은 물론 매우 중요하다. 연습 또 연습을 해야 한다. 어학 공부에서 외국인을 찾아가 말을 거는 용감하고 씩씩함은 당연히 권장된다. 하지만 듣기가 뒷받침되지 않는 말하기 연습은 모래성이다. 영어 공부에 올인하다시피 해온 한국에선 '10여 년 문법만 공부해 입도 뻥긋 못 한다'는 오랜 비판 때문에 말하기가 과대 포장된 측면이 있다.

말하기에 너무 조급해하지 않는 게 좋다. 초보 단계부터 말하기 연습에 시간과 돈을 많이 들이기보다 말할 기회에 대비해 듣기 능력을 키우는 편이 낫다. 어느 정도 수준에 올랐을 때 말하는 요령과 기술을 익힐 수 있는 영상이나 오디오 파일을 통해 섀도잉 훈련을 하는 게 효과적이다.

자막 이용법

학원의 외국인 강사나 인터넷 강의는 풀장에서 수영을 배우는 것에 비유할 수 있다. 한 사람의 말을 계속 듣기에 얼마 지나면 그런대로 잘 들린다. 낯선 외국인을 만나면 완전히 달라진다. 평소에 실전에 더 가까운 듣기를 연습하려면 라디오나 텔레비전을 활용할 필요가 있다.

P 부장은 케이블채널의 외국어방송을 즐겨 본다. 영어 드라마와 영화, 다큐에는 한국어 자막을 붙여놓았다. 들으면서 자막과 비교해보거나, 자막으로 이해한 내용을 바탕으로 들리는 단어와 표현을 추측하는 연습을 한다.

　　중국어 학습을 위해선 CCTV의 다큐와 드라마, 대만 관련 시사 프로의 원어 자막을 주로 이용한다. 자막 읽기는 내용 이해와 회화체 문장 해석에 도움이 된다. 특히 중국어의 최대 난관인 성조는 잘 외워지지 않아, 자막을 보면서 들으면 머리가 아니라 귀에 익숙해진다.

　　일본 NHK의 뉴스 자막에는 주요 내용이 담겨 있다. 아나운서의 말과 자막의 단어, 표현을 대조해보면 모르는 발음을 알게 되거나 까먹은 발음을 다시 떠올릴 수도 있다. 자막을 통해 한두 개라도 아는 단어와 표현을 늘리고 발음을 계속 기억하는 것이 가성비가 높다.

　　노후 외국어 공부는 어디까지나 실력보다 즐거움에 방점이 찍혀 있다. 자신이 재미를 느끼는 작품을 골라 즐기면서 플러스 알파로 공부도 되는 정도의 가벼운 접근이 바람직하다. 학습 효과 면에서는 자막 없이 듣는 연습이 훨씬 낫다. 하지만 어느 수준까지는 자막 활용이 부담 적은 외국어 학습법이다.

리듬과 함께

★

드럼은 빠른 곡에 더 어울린다. 7080학번에게 익숙한 대학가요제
노래 외에도 다양한 장르의 음악을 연주할 수 있다. '온라인
탑골공원'과 뉴트로 바람으로 흘러간 노래라는 눈총은 줄었다.
자기에게 맞는 문화를 즐기는 게 최고다. 굳이 최신 트렌드를
쫓아다니며 '힙'하려고 애쓰지 않아도 된다.

말이 이성이라면, 음악은 감성이다. 노후에 음악은 필수 '감
성 영양제'다. 게다가 듣는 것을 넘어 표현하고 싶은 욕구는 누
구에게나 있다. 서투르게나마 직접 연주해보면 기쁨이 2배가 된
다. 5060이 퇴직 이후 근사한 악기를 멋들어지게 다뤄보고 싶어
하는 것은 자연스럽다. P 부장의 드럼 도전도 '악기 로망'에서
비롯했다.

악기 연주 또한 쉽지 않다. 소리를 그런대로 내는 데만 시간이 꽤 걸린다. 재미를 느끼는 단계에 들어설 때까지 지루한 반복 연습의 골짜기가 기다린다. 그 지루함에 호기심과 도전 의욕이 꺾여 중도 포기하는 사람이 숱하다. P 부장이 다니던 드럼교실에도 많은 사람이 스쳐 지나갔다. 문의전화를 한 뒤 찾아올 용기를 내지 못한 사람, 하루 와서 지켜보고는 연락을 끊은 사람, 두어 달 해보다가 진도가 잘 나가지 않아 그만둔 사람 등등.

그가 드럼을 선택한 데는 여러 이유가 있다. 폭발적인 드럼 연주를 보고 그 자리에 앉은 자신의 모습을 꿈꿔본 사람이 적지 않을 것이다. 색소폰이나 기타, 피아노도 매력적이지만 드럼의 사운드는 특히 강렬하다. 드럼 위에서 질주해봤으면 하는 본능이 꿈틀거린다.

그의 부족한 음감도 작용했다. 피아노 건반 소리만 들어도 무슨 음인지 척척 맞히는 아내와 달리 P 부장은 음의 높낮이를 잘 가늠하지 못한다. 노래방 반주에 맞춰 노래를 부르는 것은 문제없지만 음정에는 몹시 약하다. 나이 들어 배우는 악기인 만큼 음악의 씨줄과 날줄인 음정과 박자(리듬) 가운데 하나에만 집중하기로 했다.

비트는 원초적이다. 손뼉을 치거나 발을 구르는 것처럼 뭐든 두드리기만 하면 비트가 생긴다. 쿵쿵 하고 심장을 직격한다. 듣고 있으면 몸이 들썩거린다. 그에겐 비트에 대한 아련한 향수

도 있다. 거의 유일하게 좋은 기억으로 남아 있는 아버지의 모습
이 꽹과리를 칠 때였다. 사촌 누이의 전통 결혼식에서 그 꽹과리
장단 하나로 하객들의 어깨춤이 몇 시간이나 이어졌다.

색소폰에 견줘 드럼은 빠른 곡에 더 어울린다. 7080학번에
게 익숙한 대학가요제 노래 외에도 다양한 장르의 음악을 연주
할 수 있다. '온라인 탑골공원'과 뉴트로(뉴+레트로) 바람으로 흘
러간 노래라는 눈총은 줄었다. 자기에게 맞는 문화를 즐기는 게
최고다. 굳이 최신 트렌드를 쫓아다니며 '힙'하려고 애쓰지 않아
도 된다.

P 부장이 열심히 연습한 박진영의 복고풍 '웬 위 디스코'나
나훈아의 신곡 '테스형'을 연주하려면 손발을 끊임없이 움직여
야 한다. 몇 분의 1초 단위로 잘게 쪼개진 비트를 따라가다 보면
동작이 매우 정교해진다. 악보를 보거나 기억해 연주하는 과정
에서 머리도 부지런해진다. 드럼 연주에는 온몸의 움직임과 두
뇌 활동이 필요하다. P 부장이 망설임 없이 친구들에게 드럼 배
우기를 권하는 이유다.

악기를 배울 수 있는 환경은 예전에 비해 많이 좋아졌다. 문
화센터 입문 강의는 월 3~4만 원에도 가능하다. P 부장은 드럼
교실을 운영하는 주민센터가 아파트 바로 옆이어서 가벼운 마
음으로 드럼스틱을 손에 들었다. 코로나19로 모든 게 멈췄지만.

유튜브에는 드럼 초보자를 위한 동영상이 많이 있다. 노래방 기기의 가사처럼 드럼 악보가 화면에 나오므로 영상을 틀어놓고 따라 연습하면 된다. 드럼 연습을 지속하기 위한 연습실 확보에 비용이 좀 든다. 드럼으로 박자 감각을 익혀놓으면 젬베, 카혼 등 다른 타악기 연주도 쉽게 할 수 있다.

드럼 실력이 일정 수준에 오르면 합주 단계로 넘어간다. 아직은 동경만 하는 밴드 연주다. 혼자 악기를 다룰 때에 비해 몇 배 힘들지만 그만큼 만족도가 높다. P 부장의 버킷리스트에는 '가족밴드'가 들어 있다. 아버지의 세속적 바람을 저버리고 자기 길을 가는 작곡 프리랜서 큰아들, 대학 동아리에서 전자기타를 치고 축구를 하느라 바쁜 둘째 아들, 노래와 건반이 좀 되는 아내와 함께 연주하는 날을 꿈꾸기에 P 부장의 드럼스틱은 가볍다.

악기 연주까지는 아니어도 음악으로 활기를 찾는 5060이 많다. P 부장은 가끔 친구들의 합창 발표회 초대장을 받는다. 그도 한때 합창 연습에 동참하기도 했다. 한 친구는 동시에 세 개 합창단에서 활동했다. 그 친구는 합창의 기초를 닦은 뒤 성악에 도전했다. P 부장은 50대에 들어서면서 즐겨 듣는 음악의 스펙트럼이 넓어졌다. 클래식이나 오페라 같은 장르가 대중화한 덕분인지, 그의 귀가 이제 조금 열리기 시작한 것인지 이유는 아직 잘 모른다.

리듬을 타는 더 역동적인 행위가 춤이다. 재미, 운동, 사교를 한꺼번에 잡을 수 있는 탁월한 취미다. '콜라텍 문화'가 뿌리내리면서 나이 든 사람의 춤에 대한 부정적 인식이 사라진 지는 오래다. P 부장의 친구 몇은 사교댄스(블루스, 지르박, 탱고)를 곧잘 춘다. 고교 동창이 떼거리로 시범 강습을 받은 적도 있다. 그의 고향 친구는 노후 생계까지 염두에 두고 비싼 강습료를 내면서 춤을 배운 지 꽤 됐다. P 부장은 춤 입문을 퇴직 이후로 미뤘다. 아직은 춤을 배우기에 시간이 충분치 않다. 주민센터에서 가볍게 스포츠댄스를 해보려니 시간대가 맞지 않다.

콜라텍은 춤으로 외로움과 무료함을 날릴 수 있는 가장 부담 없는 곳이다. 음료수 값 정도로 몇 시간이 즐겁다. 영등포와 청량리 등 부도심 일대가 콜라텍의 성지라고 한다. 전철이 다니는 곳이어서 65세 이상은 교통비가 따로 들지 않는다. 초등학교 교감을 지낸 '콜라텍 코치' 정하임 씨에 따르면, 지방에서 간식을 준비해와 종일 몸을 풀고 저녁에 집으로 돌아가는 시니어도 드물지 않다. 정 씨는 콜라텍 선택의 기준으로 음악, 이용자 성향, 음식, 안전을 꼽는다.

마르지 않는 샘

★

공부든, 취미든, 여행이든 몇 주나 몇 개월 단위의 프로젝트처럼
하면 처음과 끝이라는 매듭이 생겨 지루함과 막막함이 덜하다.
기간이 정해진 강좌는 수강 자체가 하나의 프로젝트다.
장편소설이나 전집 읽기, 노래 한 곡 연주를 언제까지 끝내겠다는
목표를 세우면 나름의 긴장감이 생긴다.

뭔가를 알게 되는 것은 재미를 준다. 배움이 즐거운 이유다.
이전에는 분명한 쓸모가 있지 않으면 배울 생각을 하지 않았다.
그럴 여유가 없었다. 나이가 들면 '올라갈 때 못 본 꽃을 볼' 시
간이 생긴다. 어쩔 수 없이 하는 입시 공부가 아니라 마음이 움
직여 하는 인생 공부의 깊은 맛은 놓치기 아쉬운 노후의 재미다.
대단한 지식 축적이나 성취가 아니라 배움의 과정에서 느끼는

소소한 즐거움이다. 당연히 사람마다 차이는 있다. P 부장은 '호모 에루디티오(배우는 인간)'의 전형에 가깝다.

그림은 P 부장이 50대 중반이 지나 도전한 분야다. 사진 찍기를 즐기는 사람이 많겠지만, 그에겐 엉성한 그림이라도 그려 보는 재미가 크다. 회사 동료들 사이에 한때 '그림 바람'이 분 덕에 입문하게 됐다. 그림의 가장 큰 매력은 몰입이다. 그리고 있는 동안 딴 생각이 거의 나지 않는다.

그림의 기초인 데생부터 시작하는 학교 미술과 같은 강좌가 아니라 가볍게 다가가는 '어반스케치'를 선택했다. 도시의 거리 일상이나 여행지 등을 현장에서 다이어리 크기의 화첩에 빠르고 간단하게 그리는 것이다. IT 업종에서 일하다 그림으로 방향을 튼 강사의 핵심 메시지는 누구나 '쉽게 그릴 수 있다'다.

엄두를 내지 못했던 P 부장도 여덟 번의 강의를 거치면서 그림에 대한 생각이 바뀌었다. 간단히 그리는 요령을 익힌 뒤에는 집 안의 작은 물체부터 풍경까지 그림공책에 옮겨봤다. 한참 열정이 솟을 때는 일주일에 하나씩 그리곤 했다. 펜, 색연필, 그림노트를 가방에 넣어 다니며 자투리 시간이 생길 때마다 펜을 쓱싹거렸다.

취업에 도움이 되지 않는 문·사·철(문학, 역사, 철학) 공부는 노후와 잘 어울린다. 연륜과 더불어 사고의 폭이 넓어지고 이해도와 생각이 깊어진다. 요즘 인문학 강좌가 홍수다. 텔레비전 프로그램도 많고 유튜브에 엄청나게 쌓여 있다. 더 깊이 있는 공부는 동서양 철학이나 고전 강독 등 소규모 오프라인 강좌가 적절하다. 인문학공동체 수유너머, 에피쿠로스 같은 데가 대표적이다. 이런 공부 모임은 새로운 사람을 만나는 좋은 기회도 된다.

P 부장은 정년퇴직 뒤 주 1회 공부 모임 참가를 계획한다. 정기적 모임 참석과 책을 읽고 준비하는 의무는 생활에 리듬을 더해준다. 모임이 끝난 뒤 뜻 맞는 사람들과 가벼운 뒤풀이를 하면 더 즐거울 것이다. 예전에 인연을 맺은 '어르신사랑연구모임'과 같은 월례모임도 퇴직 이후에는 꾸준하게 나갈 생각이다. 비슷한 관심을 가진 사람들끼리 서로 힘이 될 수 있는 자리다.

공부가 머리 아프다면 단순한 동작으로 몰입과 치유의 시간을 가질 수 있다. 컬러링북이 대표적이다. P 부장은 색칠보다는 좋은 글귀를 따라 쓰는 것을 즐긴다. 마음에 와 닿는 대목을 연필 또는 펜으로 백지 위에 정갈하게 옮기는 것이다. 정호승의 〈수선화에게〉같이 적당한 길이의 시를 주로 선택한다. "울지 마라 / 외로우니까 사람이다 / 산다는 것은 외로움을 견디는 일이다 / 공연히 울려오지 않는 전화를 기다리지 마라…."

일본에선 '연필로 따라 쓰기' 열풍이 일어난 적이 있다. 시, 수필, 소설의 한 대목을 따라 쓰게 한 펜글씨 교본 같은 책이 큰 인기를 끌었다. 컴퓨터와 스마트폰이 텍스트를 장악한 요즘은 손 글씨를 쓰는 것만으로도 색다른 맛을 느낄 수 있다.

코로나19로 꼼짝하기 어렵게 됐지만, 여행은 대다수가 즐기는 '국민 취미'다. 시간이 많아진 5060에겐 여행만큼 마음 설레게 하는 게 없다. 명예퇴직금의 절반을 여행 자금으로 떼놓은 전직 교사 K 씨는 2019년에만 8개월가량을 해외에서 머물렀다. 필리핀과 코카서스(캅카스) 지역의 조지아, 남미 등 모두 비용이 적게 드는 곳이었다. 여행-쉼-머묾을 섞었다. 코로나19로 외국 여행이 어렵게 된 2020년에는 섬을 중심으로 국내 이곳저곳을 다녔다.

해외여행과 공부를 결합한 시니어 단기 어학연수 또는 유학도 가능하다. 외국어 공부보다는 비교적 간편하게 외국살이를 맛보는 쪽에 더 가깝다. 평일 오전에 어학 수업을 듣고 오후와 주말에는 자유롭게 주변을 다니는 방식이다. 오후까지 수업을 받는 심화 과정도 있다. 한 지역에 머물러 있어 일반 관광에 비해 비용이 적게 들지만, 숙소 여건에 따라 가격 차가 많이 난다.

P 부장은 20년 전에 중국 베이징에서 8주 동안 어학연수를 했다. 베이징사범대 기숙사에 머물며 중국 대학원생의 수업을 들었다. 그때는 공부 열의가 강해 오후에도 중국인 학생을 불러 회화연습을 했다. 지금이라면 도시 전체를 느긋하게 둘러보고 현지인과 어울리면서 더 많은 시간을 보낼 것이다.

공부든, 취미든, 여행이든 몇 주나 몇 개월 단위의 프로젝트처럼 하면 생활의 리듬과 활력이 더 생긴다. 처음과 끝이라는 매듭이 생겨 지루함과 막막함이 덜하다. 기간이 정해진 강좌는 수강 자체가 하나의 프로젝트다. 장편소설이나 전집 읽기, 노래 한 곡 연주를 언제까지 끝내겠다는 목표를 세우면 나름의 긴장감이 생긴다.

자기와의 약속이라고 해서 그때그때 기분에 따라 마냥 널브러져 있을 수 없다. 프로젝트를 끝냈을 때는 자그마한 보람과 행복이 찾아온다. '행복은 강도가 아니라 빈도'라는 말을 몸으로 느끼게 된다. 장단기 프로젝트에 따른 긴장과 이완이라는 사이클이 생기를 북돋운다. P 부장에겐 △회사의 중요한 일에 도전해본 것 △한국어교사 자격증을 딴 것 △이 책 집필을 끝낸 것이 비교적 장기 프로젝트다.

최고의 종교

★

**삶의 깊숙한 곳을 들여다보는 철학과 종교는 나이와 더불어
정신세계가 깊어질수록 더 가까이 다가온다. 인간의 한계와
나약함, 세상살이의 덧없음을 알아가는 시기여서 그럴 것이다.
나이 들어서는 종교가 몸과 마음, 정신을 지키는 보루가 된다.**

혼자서도 심심치 않고, 여럿이 있어 즐겁다면 행복한 삶일
것이다. 그런 삶의 이치를 꿰뚫는 게 공자의 말씀이다. 지당한 내
용이 많아 현실과 동떨어진 당위쯤으로 치부되지만 그렇지 않은
게 많다. 곱씹을수록 울림이 큰 인생철학이자 정치철학이다.

인생의 마지막 단계는 삶과 세상의 이치를 깨달아가는 것
이다. P 부장이 늘 마음으로 되뇌는 글귀가《논어》'학이편' 첫머
리다. 제자들이 공자의 말씀을 책으로 엮으며 이 대목을 맨 앞에

내세운 이유를 알 수는 없다. 그에게는 쉰이 넘어 참뜻이 와 닿은 구절이다.

그 유명한 '學而時習之 不亦說乎(학이시습지 불역열호)'가 첫 문장이다. 어릴 때는 공부하라는 잔소리로 생각했다. 공자나 당시 학문하는 사람에게는 배우고 익히는 것이 가장 큰 기쁨이었을 것이다. 오늘날에는 즐길 거리가 엄청나게 많다. 홀로 있어도 외롭지 않고 기쁨을 누릴 수 있다면 얼마나 좋을까.

다음 문장은 '有朋自遠方來 不亦樂乎(유붕자원방래 불역락호)'다. 여럿이 누리는 즐거움 가운데는 친구와 함께하는 게 최고다. 가깝지만 늘 신경이 쓰이는 연인이나 가족보다 편한 사람이 친구다. 멀리 있는 벗이 오지 않는다면 찾아가면 된다.

살아가는 데 정말로 중요한 것이 하나 더 있다. 마지막 문장 '人不知而不慍 不亦君子乎(인부지이불온 불역군자호)'다. '남이 알아주지 않아도 원망하지 않으면 군자가 아니겠는가'라는 뜻이다. 군자는 오늘날의 지성인에 해당하고, 남의 알아줌은 인정욕구를 말한다. 다른 사람과 함께 있을 때 가장 제어하기 힘든 욕구다. 2500년 전에도 이를 경계할 정도였으니 요즘 같은 자기 과시의 시대에는 더 말할 필요가 없다.

아무리 많은 것을 갖춘 사람도 인정욕구가 충족되지 않으면 불행하다고 느끼기 쉽다. '나 잘났다'는 인정욕구는 지식, 자리, 명예, 돈, 자녀 등 다양한 형태로 나타난다. 기득권을 가진 사람은 물론이고, 사회적 약자를 보듬고 더 나은 세상을 만들겠다는 사람조차 헛된 명성에 목을 매기 일쑤다. 그것이 부끄러움을 잊게 하고 때때로 패가망신을 부른다. P 부장은 그런 유혹으로 마음이 흔들릴 때면 이 문장을 되뇐다.

삶의 깊숙한 곳을 들여다보는 철학과 종교는 나이와 더불어 정신세계가 깊어질수록 더 가까이 다가온다. 인간의 한계와 나약함, 세상살이의 덧없음을 알아가는 시기여서 그럴 것이다. 종교 가운데서는 개인의 깨달음을 중시하는 불교가 상대적으로 인간적인 편이다. 부처의 가르침대로 집착하는 게 없으면 괴로울 것도 없다. 속세에 사는 사람이 도달할 수 없는 경지이지만, 욕망을 내려놓을수록 삶이 편안해진다. 기독교와 이슬람교는 신을 받들고 신의 뜻에 따르며, 이웃을 사랑하도록 가르친다.

P 부장 노모에겐 거의 유일한 외부 활동이 미사 참여다. 코로나19와 같은 비상상황은 예외이지만, 일주일에 나흘 버스로 30분 걸리는 성당을 찾는다. 이곳 노인대학에서 다른 나이 든 신자들과 어울리고 밥도 함께 먹는다. 날마다 규칙적으로 하는 일과 또한 기도와 성경 읽기다.

남편 대신 돈벌이를 하며 네 자녀를 키운 노모에게 하느님은 견디기 힘들 때마다 기댈 수 있는 마지막 버팀목이었다. 나이 들어서는 종교가 몸과 마음, 정신을 지키는 보루가 됐다. 이웃과 마을이 사실상 붕괴된 한국 사회에서는 종교 공동체의 결속력이 가장 강하다. 특히 나이 들고 외로운 사람을 반갑게 맞아주는 안식처가 교회다. 일부 교회의 세습이나 반사회적 활동이 물의를 빚기는 하지만.

P 부장도 마음의 평화를 위해 종교의 품에 안겼다. 눈에 보이지 않는 신의 존재를 믿기는 어려우나 유독 지구에서 인간이 높은 문화 수준을 누리며 살아가는 이치를 과학만으로 설명하기도 어렵다. 그는 때 묻고 흔들리는 마음을 세탁하고 싶을 때 불교, 기독교, 이슬람교의 핵심 경전과 기도문을 암송하거나 써본다. 종교의 종류에 그리 구애받지 않는다. 불교 경전의 정수 《반야심경》 260자와 '하늘에 계신 우리 아버지'로 시작하는 기독교의 주기도문, 이슬람교 경전 《쿠란》의 첫 장인 '알 파티하'가 그것이다.

종교의 유무나 종류에 관계없이 몸과 마음이 약해지는 시기에 절대자에게 의지하는 것은 좋은 선택지가 될 수 있다. 또 뭔가를 간절히 바랄 때 누군가에게 기도하는 것은 자연스럽다. 신의 은총이나 가호와는 별개로 기도하는 마음가짐 자체가 가치 있다.

어떤 신부의 우스개가 생각난다. "세상에서 가장 좋은 종교가 뭘까요?"라는 그의 물음에 신자들은 천주교, 기독교 등을 외쳤다. 그의 대답은 그리스도교가 아니라 '그러려니교'였다. 불행이 닥쳤을 때 "늘 믿고 기도하는 내게 왜 이런 시련을 주느냐", "신은 도대체 어디서 뭘 하고 있느냐"며 따지지 말고 그러려니 하는 게 더 마음 편하다는 말이다.

만사에 고마워하는 '감사교'를 더한다면 더할 나위가 없다. 어디를 다치면 죽지 않아서, 작은 손실을 입으면 큰돈 날리지 않아서 다행인 것이다. P 부장의 노모는 귀가 거의 들리지 않지만, 아직 치매에 걸리지 않고 두 다리로 걸어 다니는 것을 감사하게 여긴다.

널리 인용되는 신학자 라인홀드 니부어의 '평온을 비는 기도'는 '바꿀 수 없는 것을 받아들이는 평온한 마음, 바꿀 수 있는 것을 바꾸는 용기, 그리고 이 둘을 분별하는 지혜'를 간구한다. 믿음보다 중요한 것은 마음가짐이다. 어쩔 수 없는 상황을 담담하게 받아들이는 것이야말로 노후 생활의 가장 큰 슬기로움일지 모른다.

나도 몰랐던 존재의 이유

★

16년 전 P 부장에게서 마음의 병이 한창 기승을 부릴 때 그를 가장 괴롭힌 것은 살아 있어야 하는 이유에 대한 회의였다. 심리적 밑바닥까지 떨어진 순간, 그의 머릿속에는 딱 한 가지밖에 남지 않았다. 그래도 누군가에게는 자신의 존재가 없는 것보다는 낫지 않을까 하는 생각이었다.

우리 사회의 대표적 미담 거리가 기부다. 힘들게 김밥을 팔아 평생 모은 돈을 대학에 내놓은 할머니의 이야기가 전형적이다. 특별한 사람이 아니더라도 세상을 떠날 즈음이면 나눔과 기부에 대한 생각을 해보기 마련이다. 자신과 가족만 챙기며 살아온 것도 쉽지는 않았겠지만, 더 의미 있는 일을 하면 좋겠다는 마음이 들게 된다.

젊을 때부터 나눔과 봉사에 열심인 사람들도 적지 않다. 그래도 대체로는 주변을 둘러볼 만한 심리적, 물질적 여유가 어느 정도 생길 때 그런 선택을 하게 된다. 여전히 노후 불안에 시달린다면 엄두를 내기 힘들다. 그렇다고 돈이 많아 기부한다는 사람은 없다. 부자일수록 더 많이 가진 사람이 눈에 들어오고, 자신의 부가 넉넉하다고 생각하지 않는다. 그들에게 직계 자녀가 없다면 모를까 세금 덜 내고 물려주는 방법을 고민하는 모습이 더 일반적이다.

P 부장은 개인 성향부터 나눔에 너그럽지 못했다. 길거리나 방송에서 마주치는 딱한 사연에 잘 움직이지 않는다. 굳이 사회구조적 문제 해결이 우선이라며 자신의 인색함을 변명할 생각은 없다. 또 선행을 강요하는 듯한 사회 분위기를 탐탁지 않게 여긴다. 앞으로도 그럴 것이다.

그럼에도 50대가 되어 호스피스 단체 등에 정기후원을 시작했다. 조금씩 지갑을 여는 것은 나눔이 가져다주는 소소한 만족감이 있어서다. 경제적 부담이 크지 않기 때문이기도 하다. 점심 한 끼와 차 한 잔이면 1만 원을 넘는다. 그 돈을 가치 있는 활동에 보태면 아무래도 행복감이 올라간다.

나눔은 자기만족을 위한 것이다. 내가 갖고 있는 돈이나 능력을 어떻게 쓰면 삶이 더 충만할 것인가 하는 판단에 따른 선택이다. 누구에게 고맙다는 소리를 듣는 것에 연연해하지는 않으나 그 또한 기쁨을 더해주는 것이 사실이다. 나눔과 봉사같이 좋은 일을 하면 정신적 보상을 받는 것 외에 실제 건강에 도움이 된다는 몇 가지 연구 결과도 나와 있다. 선행의 직·간접 경험이 체내 면역력을 높이거나 행복 호르몬인 세로토닌과 옥시토신의 분비를 늘리는 것으로 나타났다.

나이 든 사람에게는 돈보다 재능 나눔이 더 적절하다. 연륜과 숙련을 갖추고 시간이 넉넉한 이들에게 가장 부담이 적은 나눔 방식이다. 재능은 할 줄 아는 것이라는 뜻이지, 대단한 능력을 말하는 게 아니다. 다른 사람을 의식하거나 무리한 수준으로 하는 나눔은 오래가지 못한다. 나도 손쉽게 할 수 있겠다는 생각이 들 때 선뜻 내킨다.

나눔 또한 버릇에 가까워, 하다 보면 생활화가 된다. 퇴직 뒤에는 왕성한 활동력을 갖고 있어도 돈벌이를 할 기회는 드물다. 자신이 잘하거나 하고 싶어 하는 일로 다른 이에게 도움이 된다면 재산 대신 마음이 풍성해진다. 서로에게 도움이 되는 재능 품앗이도 얼마든지 가능하다.

P 부장이 일본인에게 한국어를 가르치는 봉사단체에 가입한 것은 이런 차원이다. 그는 1999년 일본에서 머물 때 일본인 자원봉사 할아버지에게서 일본어를 배운 적이 있다. 집 근처 공원에서 매주 한 번씩 만나 두 시간 정도 일본어로 얘기를 나눴다.

당시 70대였던 그 할아버지는 제조업 공장의 숙련공으로 퇴직한 이후에도 회사의 일손이 부족해 계약직으로 일하던 분이었다. 어학에 관심이 많아 외국인에게 일본어 자원봉사를 하면서 보람을 찾으려 했다. 일본어 수업 파트너 관계가 끝난 뒤에도 꾸준히 교류를 이어갔다. P 부장도 가장 잘하는 외국어가 일본어여서 거기서부터 언어 나눔을 시작하려 할 뿐이다. 국내 거주 외국인이 갈수록 늘어날 것이므로 그가 갖춘 한국어교사 자격의 쓰임새가 있을 것으로 기대한다.

한 발 더 나가 자신이 공감하는 활동을 하는 비영리단체나 시민단체에서 시간제로 일을 해볼 수 있다. 단체 활동가로 변신해도 좋다. 나이 든 사람이 무보수로 일하는 것을 그곳에서 환영한다는 전제에서다. P 부장은 적은 금액을 정기 후원하면서 시민단체들을 눈여겨보고 있다. 부동산 불로소득 척결과 주거 안정에 앞장서는 단체, 한반도 평화 정착에 주력하는 단체다. 정년퇴직 뒤 이런 범주의 나눔 활동을 하면 자신의 활기 있는 생활은 물론 세상에도 조금은 도움이 된다.

16년 전 P 부장에게서 마음의 병이 한창 기승을 부릴 때 그를 가장 괴롭힌 것은 살아 있어야 하는 이유에 대한 회의였다. 도쿄의 아파트 옆을 흐르는 작은 강을 내려다보며 하루에도 몇십 번 같은 생각에 잠겼다. 자신의 삶이 딱히 나아지거나 세상이 좋아질 것 같지 않은 상황에서 존재의 이유를 찾기는 쉽지 않았다. 사는 것이 시들하고 이런저런 고민과 고통에 시달릴 때 누구에게나 스며드는 비관이다. 몸과 마음이 약해지는 노후에는 그런 회의가 더 들고, 그것이 우울의 농도를 짙게 할 수 있다.

심리적 밑바닥까지 떨어진 순간, 그의 머릿속에는 딱 한 가지밖에 남지 않았다. 그래도 누군가에게는 자신의 존재가 없는 것보다는 낫지 않을까 하는 생각이었다. 그 첫 번째 누군가는 두 아들과 가족이었다. 어떤 사람에게는 그것이 반려동물일 수도 있다.

일상에서 늘 소소한 행복을 느끼면 그만큼 좋은 게 없지만 그러기가 쉽지 않다. 그럴 때 자신이 도움이 되는 그 누군가 또는 그 무엇이 있다는 것은 큰 위안이 된다. 그것을 느끼기에 꼭 알맞은 활동이 나눔이다. 나눔은 때때로 스스로 찾지 못하는 존재의 이유를 가르쳐준다.

닫는 글

스포츠 경기든 인생이든 가끔 공격이 최선의 방어일 때가 있다. 2002년 월드컵 16강전 한국-이탈리아 경기처럼 더 물러설 데가 없으면 대량 실점 우려가 있어도 수비수를 몽땅 공격수로 교체해 총공격에 나설 수 있다. 도무지 미래가 보이지 않아 인생역전을 위한 '한 방'을 노리는 요즘 젊은이들의 마음이 그와 비슷하다고 하겠다.

일반적으로는 빗장을 단단히 걸고 실점을 줄이는 것이 우선이다. 그것이 득점을 하는 것보다 훨씬 쉽다. 인생에서는 후반전인 노후가 특히 그렇다. 대단한 성취가 힘들고, 실패를 만회할 기회와 시간이 별로 없는 시기다. 인생의 오르막길은 심장박동수를 높이며 활발하게 도전해야겠지만, 내리막길에선 무리하지 말고 넘어질 위험을 예방하는 게 중요하다. 나이에 구애받지 않는 열정 또한 허상 쫓기와는 구분할 필요가 있다.

지금까지 나의 인생 후반전을 소재 삼아 노후의 리스크를 범주별로 살펴봤다. 네 가지 리스크에 대한 분석과 실제 행동으로 옮길 수 있는 나름의 대응책을 담았다. 먹물 먹은 중산층인 나의 경험과 상황, 노후 매뉴얼을 일반화하는 데는 당연히 한계가 있다.

　　그럼에도 사정이 제각각인 5060 동년배들이 아주 구체적으로 고민하는 대목과 맞닿은 지점이 적지 않을 것이라고 생각한다. 이 책이 그런 고민 한두 개라도 해결하는 실마리를 찾고 행동에 나서는 계기가 됐으면 한다. 나와 비슷한 사고와 생활방식을 가진 5060에겐 잘해나가고 있다는 응원의 메시지가 될 수 있기를 기대한다.

　　위험 예방·관리 능력을 키우고 위기 이후 회복력을 제고하는 것은 슬기로운 노후 생활의 1단계 목표다. 이것만으로도 성공한 노후, 행복한 노후라고 말할 수 있을 것이다. 하지만 방어 진지를 단단하게 구축하는 것은 더 나은 노후를 위한 정지 작업이다. 건강함과 편안함을 넘어 자유롭게 나이 들어간다는 궁극적 목표가 그것이다.

　　노후의 자유라는 것은 '나답게 나이 듦'을 말한다. 어릴 때부터 대체로 짜인 틀 안에서, 다른 사람의 눈을 잣대 삼아, 세파에 휘둘려 개성을 잃고 살아온 나의 진짜 모습을 뒤늦게 찾는 것이다. 인생 2라운드로 접어드는 지금이라도 마음의 소리에 귀를 기울여 가장 만족할 만한 삶을 사는 것을 말한다.

빛나는 청춘 시절에도 불가능했던 그런 삶이 회색빛으로 가득한 노후에 과연 가능할까. 돌이켜보면 젊은 시절에는 나다운 결정이란 것을 해본 적이 없다. 대다수 5060은 물론 요즘 젊은이도 그리 다르지 않을 것이다. 고교까지는 입시 외에 딱히 생각해본 게 없다. 대학 또한 깊이 고민하지 않은 채 점수에 맞춰, 대학 이름에 이끌려 진학했다. 계열별로 들어간 대학에서 관심이 없었던 학과를 다른 친구들이 선호한다는 이유로 택하는 어리석음도 범했다.

이후의 직장생활이나 결혼, 육아, 교육도 별로 다르지 않았던 것으로 기억한다. 다른 사람보다는 좀 덜했겠지만 학벌, 능력, 수입 등을 보는 세상의 기준을 따라갔다. 아마 이 순간에도 나의 노후를 생각하면서 남의 눈부터 먼저 의식하는 내 모습을 발견할지도 모른다.

나답게 사는 것은 있는 그대로의 나를 긍정할 때 가능하다. 주변을 둘러보면 여전히 부러운 것투성이고, 자기 학대와 연민의 재료는 넘친다. 아직도 생생한 마음의 속도를 한참 못 따라가는 두뇌와 육체가 서글픔과 우울의 샘을 마르지 않게 할지 모른다. 그럼에도 모자라면 모자란 대로 '그래 이게 나야' 하고 받아들이는 것이 나다움이다. 노후 리스크를 어느 정도 관리할 수 있다면 결코 어렵지 않은 일이다.

나답다는 것은 결국 나의 생각과 바람, 내가 추구하는 가치에 따른 삶을 말한다. 고상하게 표현하면, 자아실현이다. 화려한 청춘기나 인생의 절정기라야 할 수 있는 게 아니다. 교과서에서나 보던 이 단어를 내 삶에 들여올 수 있는 마지막 기회가 바로 노후다.

우주, 아니 지구에서 나라는 존재의 크기는 아마 방 안의 먼지 한 톨에 지나지 않을 것이다. 그럼에도 나와 똑같은 사람은 우주에 단 하나도 없다. 내가 죽어도 세상에는 아무런 변화가 없겠지만, 나에게 그것은 온 우주의 소멸과 다름없다. 내가 인식할 수 없기 때문이다. 내가 생각하고 움직이는 지금은 영원히 다시 올 수 없는 시간이다.

나이를 먹어 좋은 것은 마음먹기에 따라 나를 구속해온 게 무엇이든 미련 없이 벗어던질 수 있다는 점이다. 그런 용기와 지혜를 갖고 자신만의 색채로 빛나는 시니어는 드물지 않다. 이 책에 담긴 내용은 '나답게 나이 듦'을 추구하는 작은 사례다. 읽는 이 또한 자신다운 나이 듦을 찾기를 바란다. 그것이 인생의 마지막 순간에 '나는 왜 이렇게밖에 살지 못했는지 모르겠다'고 후회하지 않을 가장 확실한 길이다.

한 방송인의 연말 시상식 수상 소감이 화제가 된 적이 있다. 그는 과거의 자신에게 사과하고 싶다며 "너는 괜찮은 친구였는

데, 하찮은 사람이라고 너무 무시했던 것 같다"고 말했다. 5060
이 인생을 마감할 즈음에 지금의 자신을 되돌아보고 어떤 얘기
를 해줄 수 있을까. 이런 말이었으면 좋겠다. "너는 괜찮은 사람
이었어. 자유롭고, 건강하며, 편안하게 나이 들도록 해줘, 고마
워. 수고했어." 지금 슬기로운 노후 생활을 생각하고 실천하는
것은 미래의 자신에게 주는 최고의 선물이 될 수 있다.

이 책에는 한겨레 경제월간지 《이코노미인사이트》의 '노후
경제학' 코너에 연재한 글들도 다듬고 살을 붙여 실었다. 글의
첫 번째 독자인 편집장과 같은 공간에서 일하는 동료들의 격려
가 책을 펴낼 용기를 북돋웠다. 무엇보다 나이 들면서 느끼는 고
민과 경험을 함께 나눈 동년배 5060에게 감사드린다. 책의 많은
내용을 이들에게 빚졌다.

앞으로도 긴 세월을 함께할 아내 김영희와 두 아들 현음·동
음은 슬기로운 노후 생활의 든든한 후원자다. 가족의 이해와 공
감은 흔들리기 쉬운 노후의 단단한 버팀목이다. 마지막으로, 글
의 가치를 먼저 알아봐주고 책이 방향을 잃지 않도록 붙들어준
믿음직한 권순범·고우리 편집자에게 진심으로 감사드린다.

노후 수업

© 박중언 2021

초판 1쇄 발행 2021년 3월 2일
초판 4쇄 발행 2024년 6월 14일

지은이   박중언
펴낸이   이상훈
인문사회팀 최진우 김지하
마케팅   김한성 조재성 박신영 김효진 김애린 오민정

펴낸곳 (주)한겨레엔 www.hanibook.co.kr
등록 2006년 1월 4일 제313-2006-00003호
주소 서울시 마포구 창전로 70(신수동) 화수목빌딩 5층
전화 02-6383-1602~3   팩스 02-6383-1610
대표메일 book@hanien.co.kr

ISBN 979-11-6040-463-0 03190